会爱才是真爱

郑委 ◎ 著

中国传媒大学出版社
· 北京 ·

图书在版编目（CIP）数据

会爱才是真爱 / 郑委著. — 北京：中国传媒大学出版社，2023.12
ISBN 978-7-5657-3516-5

Ⅰ.①会… Ⅱ.①郑… Ⅲ.①家庭教育 Ⅳ.①G78

中国国家版本馆 CIP 数据核字（2023）第 233253 号

会爱才是真爱
HUIAI CAISHI ZHEN'AI

著　　者	郑　委			
责任编辑	曾婧娴			
特约编辑	马兴欢			
封面设计	王玉美			
责任印制	李志鹏			
出版发行	中国传媒大学出版社			
社　　址	北京市朝阳区定福庄东街 1 号		邮　编	100024
电　　话	86-10-65450532　65450528		传　真	65779405
网　　址	http://cucp.cuc.edu.cn			
经　　销	全国新华书店			
印　　刷	文畅阁印刷有限公司			
开　　本	787mm×1092mm　1/16			
印　　张	12.5			
字　　数	122 千字			
版　　次	2023 年 12 月第 1 版			
印　　次	2023 年 12 月第 1 次印刷			
书　　号	ISBN 978-7-5657-3516-5/G·3516		定　价	58.00 元

本社法律顾问：北京嘉润律师事务所　郭建平

会 爱 才 是 真 爱

序 亲爱的父母们,你们可能真的做错了 / V

第一章

家庭教育的本质、方向和意义

一、思考五个问题 / 003
二、什么是教育 / 006

第二章

教育孩子第一步:弄清究竟什么是幸福

一、从我的故事开始说起 / 012

I

二、究竟什么是幸福 / 017

三、教育孩子的第一步 / 021

四、通往幸福的"黑线"之路，是否真幸福 / 024

第三章

孩子出了"问题"，根源是父母的爱出了问题

一、父母是否成功解决过孩子的问题 / 030

二、是父母遇到了问题孩子，还是孩子遇到了问题 / 039

三、面对孩子的问题，父母请先"四问"自己 / 044

四、问题不是用来解决的，问题是用来超越的 / 051

五、关注"人事志"，问题迎刃而解 / 059

第四章

重要的不是解决问题，而是找到正确的方向

一、问题只是现象，不是真相 / 070

二、是什么让父母这样去爱 / 076

三、在"怕"和"要"中解决孩子问题的父母，会培养出什么生命状态的孩子 / 079

四、残酷的真相 / 085

五、父母爱的是孩子，还是孩子努力的结果 / 088

六、这真的是父母和孩子想要的人生吗 / 094

七、为什么上大学，上大学为什么 / 100

第五章

父母要打破"只想办法，不找原因"的思维惯性

一、让父母头疼的手机问题，是手机问题吗 / 110

二、怪圈模式是怎样形成的 / 116

三、如何打破怪圈模式 / 119

第六章

真的爱≠真爱：会爱才是真爱

一、真的爱≠真爱 / 132

二、夫妻关系重于亲子关系 / 140

三、幸福家庭六步走 / 151

第七章

真爱如何"习学"

一、改变如果很容易，人人都会是智慧父母 / 165

二、"师法财侣地"，缺一不可 / 168

三、路径是关键：父母做对四件事，孩子才会真优秀 / 173

四、环境可以改变人 / 177

五、永循真理，坚守正道：让教育和人生回归"立德树人"的正道 / 179

序
亲爱的父母们，你们可能真的做错了

"家庭教育"是什么？

就是"如何教育孩子"，我相信很多人都是这个答案。这好像成了大多数人潜意识里的"惯性认知"。大多数的父母，无时无刻不在想着，如何才能教育好孩子。

这样的"惯性认知"，会让许多人在家庭教育中，犯下严重的，甚至是致命的方向性错误。

这本书，就是写给这些含辛茹苦、焦虑担忧的父母的。在打开这本书之前，我想告诉亲爱的父母们：在如何教育孩子上，你们可能真的做错了！

我涉足教育领域20多年了，提出爱与幸福理论也有18年了。无数的案例，无数的父母与孩子的经历，用活生生的事实告诉我们：如果家庭教育的方向错了，家庭教育就会在歧路上越走越远。正如著名思想启蒙者卢梭的那句名言："教育错了的儿童，比没有受教育的儿童离智慧更远。"

"家庭教育"是什么？它的正确答案是：如何做好父母！

"如何做好父母"与"如何教育孩子"，这两者是同一个话题吗？当然不是。

"如何教育孩子"，重心放在孩子身上；"如何做好父母"，重心是在父母身上。正确的家庭教育，到底是以孩子为中心，还是以父母为中心？这一点值得大家好好思考。

在亲子关系层面，爱与幸福理论的第一个基本理念就是：父母爱对了，孩子才优秀！

中国传统文化，核心只有一件事——告诉人们如何做人。教育孩子，其实就是教孩子学会做人，做一个优秀的人；孩子学会做人，需要父母言传身教。

如此一来，球好像就踢回到父母这一边了。父母是不是应该首先想一想：我做好父母的角色了吗？

著名教育实践家和教育理论家苏霍姆林斯基曾经这样说过："教育孩子，就是成人教育自己做人的过程。"

近二三十年来，在教育孩子这件事情上，很多父母花费了巨大的时间成本、精力、财力……结果孩子的各种问题却层出不穷，这是为什么？许多父母把家庭教育与学科教育画上了等号，想尽一切办法给孩子报培训班，以提高孩子的成绩和技能，可孩子的幸福感

序　亲爱的父母们，你们可能真的做错了

越来越低，家庭问题也凸显出来，这又是为什么？

我是20世纪70年代出生的人，在那个年代，我们的父母好像并没有那么重视家庭教育，也没有那么重视如何教育孩子。但他们有自己的正事，热爱祖国，热爱工作，孝顺父母，对邻里友善。我记得我的父亲没事的时候，会拿着笤帚把家属楼的楼道扫得干干净净。他也要求我们去扫，我们问他为什么？他说："都是邻居，扫一扫。"这类生活的点滴，给我留下了深刻的印象，让我知道了什么是做人。他们好像没有教育过我们，却真的教育到了我们。

因为，父母做对了，孩子才会优秀。

父母做对了，做好了，就给了孩子正确的成长方向。所以，"如何教育孩子"，是"如何做好父母"的"结果"，或者通俗地说，教育好孩子，就是做好父母的副产品。

"如何教育孩子"是"末"，"如何做好父母"是"本"。本末不能倒置。所以，在这本书里，大家需要学习的，是如何做好父母，而不是如何教育孩子。

爱与幸福理论的第二个基本理念是：少想怎么办，多问为什么！

当孩子出现厌学、休学、辍学、染上网瘾、自闭、叛逆等状况之后，父母们是不是会焦急万分地寻找解决办法——怎么办？他们会求助于各种课外辅导、心理咨询，甚至病急乱投医，把孩子送到那些号称有"奇效"的培训机构。而结果呢，往往收效甚微，或者适得其反，让父母们大失所望。

为什么会这样？因为孩子是检验父母做得是否正确的镜子。孩子出了问题，往往证明父母的角色缺位、异化了，父母没有做到正确的事情。那父母应该做到的正确的事情又是什么呢？是爱对孩子。如此，孩子才会走上优秀之路。

爱是什么？爱是无条件有原则的，是温暖有力量的；爱的本质是利他。所以，我们爱与幸福坚定地相信：在中国人的家庭系统和家庭关系中，爱就是化解一切问题的良药！

父母可以思考一下：你们爱对孩子了吗？你们给予孩子的，是温暖和力量，还是要求、焦虑和恐惧？

这就引出了这本书的核心观点：会爱才是真爱，真爱需要"习学"。

爱与幸福理论的第三个基本理念是：爱是一种能力和水平。一个人在社会化的过程中，需要不断学习和践行，最终拥有爱的能力和水平。简单地说，就是会爱才是真爱。

父母们，当你们把所有的目光都聚焦在孩子身上时，对不起，你们还没有学会爱孩子，因为你们已经丢失了父母的角色和定位；当你们每天都在为了孩子的成绩、升学、就业、情感而着急、担心和焦虑时，对不起，你们还没有学会爱孩子，因为你们给不了孩子渴

序 亲爱的父母们，你们可能真的做错了

求的温暖和力量；当你们试图把孩子变成自己想要的模样，复制自己的成功和价值时，对不起，你们不但没有学会爱孩子，反而将他推向了更深的深渊。

中国人的家庭教育，在我看来，就是"施教者学会做人，并帮助受教者学会做人的过程"。

即便，仅仅是为了孩子，父母们也需要学会去爱、拥有真爱！

本书，是爱与幸福理论的入门书籍。

爱与幸福理论是什么？它是几千年来中国核心的家文化在当代社会的传承，它是中国核心的家文化在当代社会的发展，它是中国核心的家文化在当代社会的践行。

爱与幸福理论提出18年来，帮助万千家庭破除迷思，走出了泥沼般的困境；帮助万千家庭重拾欢声笑语、和谐幸福；帮助万千家庭走上了追求美好、为国奉献的正道。我希望，未来有更多的家庭、父母、孩子、老人，能够有机会了解和学习爱与幸福理论，找到属于自己的真爱和幸福。

阅读本书的过程中，你会发现每一章开头都有一张PPT。爱与幸福理论一直遵循"听得懂、可操作、有效果、有出处"的12字方针，每一章的PPT就是对这一章核心内容的呈现。读懂这一章，你就能看懂PPT；看懂PPT，你也就抓住了这一章的精髓。

千里之行，积于跬步。本书从亲子关系这个社会高度关注的角度切入，旨在矫正和扭转父母在家庭教育中的方向性错误，以及那些看似合理实则谬误的惯性认知和观念。

  我祝愿父母们：不仅"知到"，更要"做到"；学会去爱，拥有真爱！

郑委
于北京

第一章

家庭教育的本质、方向和意义

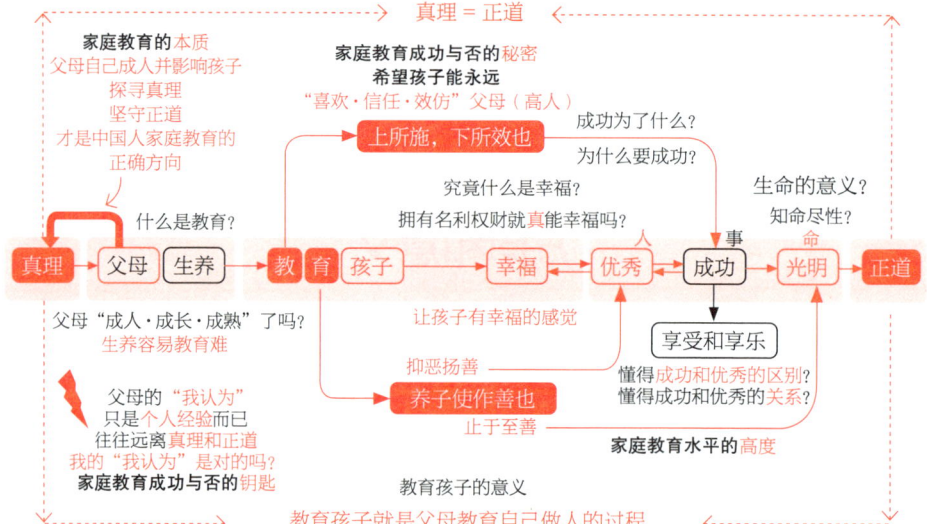

第一章 家庭教育的本质、方向和意义

一、思考五个问题

无论你能否给出答案,现在,请静静地坐在书桌前,用心思考下面五个问题,然后写出答案。

1. 什么是教育?
_____

2. 什么是家庭教育?
_____

3. 什么是家庭教育的本质?
_____

4. 什么是家庭教育的方向?
_____

5. 什么是家庭教育的意义?
_____

通过回答这五个问题，你发现了什么？我在课堂上经常会问学员这五个问题，你是否也和现场的学员一样，突然发现，从知道有了孩子的那天起，你就在一直努力施行着教育：胎教、幼教、儿童期教育、青春期教育……却回答不出教育是什么，家庭教育是什么，家庭教育的本质、方向和意义何在。

这是为什么?!

本章开宗明义，内容虽然很少，却是本书的精髓：直接给出家庭教育的本质、方向和意义。

本章也是阅读难度最大的篇章。难是因为文字看似易懂，道理实则难懂。如果你读起来感觉不解其真意，可以立即中止阅读，改为直接阅读后面的章节，这样做，丝毫不会影响阅读体验，也不会影响你的收获。等读完其他章节，再回过头来读第一章，相信你会有"是的，就是这样"的心境和心得。

若你愿意从本章开始，带着自己对家庭教育的本质、方向和意义的理解，带着本章传递的答案和本章提出的一系列问题去探寻、回归家庭教育的本质，回到自己，我们也欢迎之至。

开宗明义，我们直接给出基于爱与幸福理论的家庭教育的本质、方向和意义，一共是八个字：永循真理，坚守正道！

为什么是这样的答案？这样的答案好像不符合常规，好像和其他家教类书籍不一样，看不见、摸不着，是不是太玄乎了？

这八个字脱胎于《论语》，我只是用大家听得懂的方式说出来，

《论语》原文是"吾道一以贯之","君子务本,本立而道生"。亦如《大学》中所言:"物有本末,事有终始。知所先后,则近道矣。"

意思是,万事万物的背后是由一个根本原则贯通起来的,我们需要找到这个根本原则。致力于根本,也就找到了真理和正道。千万不要舍本逐末,或者本末倒置,那都不会有好结果。在家庭教育领域也同样需要我们永循真理,坚守正道,才能在该结果时结出好果。

家庭教育的本质是成人,家庭教育的方向是成为什么样的人,家庭教育的意义在于引领孩子成人,这不是教育学的范畴,而属于人生哲学的范畴。看似是五个问题,实则核心是一样的:都是成人!

二、什么是教育

《说文解字》中说：教，"上所施，下所效也"；育，"养子使作善也"。

换言之，"教"的根本是施教者成为孩子的榜样，让孩子喜欢他，信任他，并愿意效仿他。在家庭中，孩子喜欢、信任父母，他就愿意听父母的话，父母想把他教育成什么样，他就会努力往那个方向发展；但是如果他不喜欢、不信任父母，他就会反着做。这是教育的一个基本规律：孩子喜欢谁，他就听谁的；孩子崇拜谁，他就模仿谁。

"育"的根本是"使作善"。这里的"善"有两个意思：第一个是抑恶扬善的善。人这一生需要不断地"抑恶扬善"，"抑恶"就是每天喜悦地找自己的不足去改正，"扬善"就是把人性本有的真善美不断地发挥出来。如果这种做法坚持一生，这个人一定会成为优秀的人。第二个是止于至善的善。人生的终极目标是要把本就完善的自己释放出来。抑恶扬善、止于至善，体现了家庭教育的水平和高度。

第一章 家庭教育的本质、方向和意义

老祖宗其实早就把教育的真理和正道告诉我们了，只是近年来的文化缺失，让我们更重视数理化而忽略了文化。

由此，家庭教育能否取得成功，全部的秘密就在于：孩子能否喜欢、信任并效仿父母。中国文化里，父母可以是更广义的，是孩子身边的高人，是古圣先贤，甚至是天地。

家庭教育要育养的是做人优秀的人，还是做事成功的人？做人优秀和做事成功有区别吗？做人优秀和做事成功的关系何在？做事成功的人，做人一定会优秀吗？做人优秀的人，做事一定会成功吗？

无论做人优秀，还是做事成功，生而为人，是不是都该拥有幸福？那么，究竟什么是幸福？拥有名利权财就真能幸福吗？生命的意义何在？

生养容易教育难。父母成人、成长、成熟了吗？

我们回到本章开篇提出的五个问题，你是否意识到，你所给出的答案只是你的观点和个人经验而已？你的"我认为"是对的吗，符合真理和正道吗？

我们再次重申，家庭教育的本质，是父母自己成人——探寻真理，坚守正道——并以此影响孩子。这也正是中国人家庭教育的正确方向。

简言之：

教育孩子就是父母教育自己做人的过程。

永循真理，坚守正道，既是教育的意义所在，也是人生的意义所在。

第二章

教育孩子第一步：
弄清究竟什么是幸福

这两个问题好回答吗？

| 真 | 究竟什么是（真）幸福？ | 理 | 道 | 究竟如何才能（真）幸福？ | 正 |

（理论）知　　　　　　行（途径）

作业：1. 拿出一张白纸，详细论述上面两个问题你自己认为正确的答案。
2. 第一个问题概念要清晰明了，第二个问题要着重于可操作的途径和方法。
3. 如果两个问题你论述时比较困难，请反思自己的生活或思考自己的人生意义。
4. 把你的答案和家人讨论，看家人是否认可你的答案。
5. 你有自己特别钦佩并在社会上让人尊重的老师吗？向他（们）请教答案。
注意：很少有人会认真践行以上作业。(知道的太多了，做到的太少！）

第二章 教育孩子第一步：弄清究竟什么是幸福

我画了两条路径（见图 2-1），请父母们对照、回看自己的教育路径。细心的父母有没有发现，这两条路径都有"幸福"？所不同的是，第一条路径（亦称"黑线"），幸福是孩子人生追求的终点；第二条路径（亦称"红线"），幸福是孩子人生的基石，贯穿人的一生。那我就从我自己的故事开始说起，请父母们在这个过程中慢慢去体会"黑线"上的幸福和"红线"上的幸福，到底有什么不同。

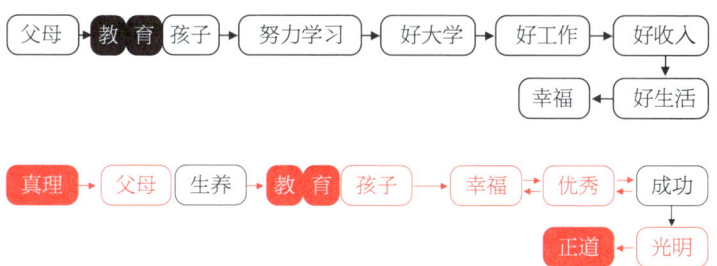

图 2-1 幸福的黑线和红线

一、从我的故事开始说起

我从小到大学习成绩优异，一路保送上了大学。大学期间，我成立了自己的公司，赚到了第一桶金。毕业后，我进入上市公司"中国卫星"，并在 26 岁时做到了事业部副总经理的位置。后来，我住上了自己买的房子，开上了自己买的车子，离开"中国卫星"创立了自己的公司，并娶到了爱我的妻子。我好像就是顺着"努力学习—好大学—好工作—好收入—好生活—幸福"这样一条路在走，并且成功地走通了。

也就是说，30 岁之前，我一直在追求名利权财：

30 岁之前的我

努力考最好的成绩

努力上最好的学校

努力找最好的工作

努力有最好的收入

第二章　教育孩子第一步：弄清究竟什么是幸福

努力有最好的职位

努力能够自主创业

努力有最好的生活

然后，财务自由，周游世界

最后，做一切自己想做的事

好像这就是我想要的幸福

突然有一天，我发现我的人生

只有无尽的努力和没完没了的结果

还有就是

努力之下无法言说的压力和焦虑

我发现

我想要的都是在我得到后最不想要的

可怕的是

我最不想要的，却从来不敢放弃

比这更可怕的是

我发现，我根本没有自己真正想要的

在 30 岁之前，伴随我的有两个词：一个词叫努力，一个词叫最好。考试应该考到最好，目标是第一名，没当第一名也要得第二名、第三名；要上最好的学校，要找最好的工作，要有最好的收入；即使不是最好，我也应该用最好的心态去拼搏；达不到最好，也要仅比最好稍微差一点，或者争取下一次比这一次更好。有一天，我财务自由了，可以周游世界，可以到处看一看……

可以说，我想要的学习好、工作好、收入高、可以自主创业等物质条件，慢慢都追求到了。在 30 岁的某一天，我突然发现我的人生，只有无尽的努力和没完没了的结果，还有努力之下无法言说的压力和焦虑。

压力和焦虑，从小到大我都有，但是这些感受却无法言说：跟能力比我强的人说，没的说；跟能力比我差的说，人家说我无病呻吟；跟家里人说，家里人担心；最后只能默默咽在肚子里了。

更可怕的是，我发现，我想要的都是我得到后最不想要的。如果是这样的话，我根本没有自己真正想要的东西！为什么？从小时候记事起到 30 岁，我有那么多想要的东西，全力以赴为此努力了以后，我也得到了，得到一个之后发现它不是我想要的，我就会把它扔掉，再去定一个目标，认为新的目标是自己想要的。

我这 30 年就一直在这样的一条路上走，得到后就不在意了，就不想要了，想实现一个更大的目标，达到了更大的目标后，发现它也是自己不想要的……30 年过去了，我发现想要的到最后都不想要，不想要的也不敢放弃，最可怕的是我根本没有自己真正想要的。

我所追求的，是我真的想要的吗？我追求了那么多年的想要的东西，最后发现不是自己想要的，因为得到了就不珍惜了，新的追求又来了，之前得到的东西就不要了，不再在意了。

第二章 教育孩子第一步：弄清究竟什么是幸福

如果不是我想要的，当时我为什么还会全力以赴地追求？追求到了我才知道这是我不想要的，这又是为什么？

可是，我竟然不知道为什么这不是我想要的，因为我不确定我真的想要什么。

这些问题在我的脑海里，绕来绕去。

当年我非常痛苦，我甚至还找了很多人聊这些话题。现在想想他们都是高人，但那个时候的我对他们的说法嗤之以鼻，因为他们没有回答我的问题。就像现在也有人会说我讲话怎么绕来绕去的，把自己绕进坑里了。当年我就是这样想那些人的。

那时候，我多么希望有人给我答案！那个时候就像此时：此时，我多么希望有人给更多父母和孩子答案！

我的经历让我在30岁时开始思考：

好大学、好工作、好收入、好生活，我都有了，为什么却感受不到幸福呢？

那么，究竟什么是幸福？

曾经，我的一位学员在听完"黑线"之路和"红线"之路的课程后，站起来问了我一个问题："我从小到大特别听话和努力，我的父母告诉我的路就是黑线之路，他们说，我这样走就能获得幸福。我现在30多岁了，父母指的这条路，除了最后一步——幸福，余下的我都已经走通了。郑老师，您说这条黑线的路有10%的人能走通，真的有人能走通这条路吗？因为我已经走到好收入、好生活，但是走不到最后一步'幸福'。我的理解是，应该走红线之路，先有了幸福，再追求优秀和光明，黑线上的'好大学、好工作、好收入、好生活'都是自然而然的副产品。"

我告诉他，他说得特别对。但是，如果我说走不通，太多人不会相信，会认为我太绝对。因为没走通的人，他会抱着"我不幸福是因为我没有走通，如果我有了好收入、好生活肯定会幸福"的想法不放。他不会去想"有好收入和好生活的人真的幸福吗"，他会觉得这个问题不重要，重要的是先拥有了好收入和好生活再说。还有很多有好收入的人，也会告诉自己、告诉别人："我很幸福！"因为如果说自己不幸福，他就无法说服自己为什么还要那么努力地去争取这些东西。这可能缘于很多人不知道有红线之路，所以就只能告诉自己"这就是幸福"。

能走通"黑线"的人，从概率上来讲，本来就是极少数的。走通的人，因为走通了而更加困惑；没有走通的人，努力地想走通，却与初心背道而驰。无论是父母还是孩子，追求的都是幸福，那么，究竟什么是幸福？

二、究竟什么是幸福

究竟什么是幸福？看到这个问题，你是不是感觉既熟悉又陌生？你有答案吗？接下来，一起体验：

第一，究竟什么是幸福？

第二，究竟如何才能幸福？

这两个问题，对于父母来讲，非常重要！我在请父母写出答案的时候也把回答这两个问题的标准给大家：

"究竟什么是幸福"，是请父母给"幸福"这个概念一个确定的答案，父母有了答案，孩子的人生就有了方向和标准。如果父母没有答案，或者答案模棱两可，那父母就需要反思自己是不是只是浑浑噩噩地活着？父母自己都没有答案，又怎么可能知道如何教育出幸福的孩子呢？

父母如果对"什么是幸福"有了确定的答案，在生活中就需要思考用怎样的途径和方法可以达到这种幸福的状态，人生就会有方向和轨道，也就能够找到"究竟如何才能幸福"这个问题的答案。

> 1. 究竟什么是幸福？
>
> 请写出答案（要求清晰明了）：
>
> _____
>
> _____
>
> 2. 究竟如何才能幸福？
>
> 请写出答案（重点是有可以操作的途径和方法）：
>
> _____
>
> _____

第三，如果上面两个问题回答得比较困难，父母是不是需要反思自己的生活，反思自己的人生？

人生活在这个世界上，竟然不知道什么是幸福的方法和途径，那么是不是应该思考自己活着到底是一种什么状态？

第四，如果父母把这两个问题都回答出来了，请和家人讨论自己的答案，看家人是否认同。

如果家人不认同你的答案，你家也不会幸福。为什么？因为每个人对幸福的理解不同，就会产生矛盾。所有家庭的矛盾，实际上就是人和人对生活的理解标准不一样造成的。比如，妈妈对爸爸说："我觉得孩子要报这个培训班，你看他成绩不好。"爸爸说："哎呀，报什么班，你陪着玩，玩够了就幸福了。"夫妻俩会不会因此吵架？

第二章 教育孩子第一步：弄清究竟什么是幸福

因此，和家人讨论你的答案，看家人是否认同你的答案，你就会知道你的家庭是否幸福的原因了。家对于中国人来讲太重要了，如果家庭不幸福，即便得到再多的名利权财，我们的内在世界都不一定有真正的幸福感。

第五，也是最重要的，父母不要总认为自己就是对的。你可以找自己身边智慧且幸福的朋友，或者自己在生活中特别钦佩并在社会上让人尊重的老师，把自己的答案呈现给他们，向他们请教：您觉得我这个答案怎么样？您认为的幸福是什么？

这样，父母就可以走出"我认为"的狭隘视角，站在更高的层面去思考、去探索：我认为的幸福是真幸福吗？在我身边会不会有真的幸福，我并不知道，又或是我没达到，所以我才觉得自己当下挺好的？就好比你站在2层看到外面的风景很美，你说这就叫幸福，那可能是因为你并不知道20层的风景有多美。人生的高度不一样，看到的景色就不一样，你没达到那个高度的时候，你认为的幸福很有可能只是一种体验，但这种体验并没有让你达到真正幸福的状态。

如果父母很认真地思索了这五个方面，完成了这五份作业，这很有可能会成为自己人生和家庭教育的拐点。

我之所以这样说，是因为我自己就是在走通了"黑线"却触摸不到幸福的时候开始涉足教育领域的。在涉足教育领域20多年的时间里，在和大量家庭不断深入接触的过程中，我越来越深刻地体会到："父母到底要成为什么样的人？""父母到底想把孩子培养成什么样的人？"是想做好家庭教育必须要回答的两个问题。而要清晰地回答这两个问题，就必须定义好幸福。

我自己也是在这五个方面不断探索，并且在探索的过程中不断地直面自己，一点点去掉内心不在正道上的观念，才回归家庭教育的初心，回归到幸福这个基石的。

在爱与幸福理论看来，中国人的幸福，就是一个人跟他应该在意的人和应该在意他的人都拥有真正好的关系。因此，幸福的孩子，一定不是一个沿着"努力学习—好大学—好工作—好收入—好生活—幸福"这条线走到底的，而是一直活在美好的关系和情感中的孩子，有担当负责任，会做人能成事。

三、教育孩子的第一步

我们生养了孩子,开始教育孩子,第一步就是:让孩子在家庭里,在父母温暖的怀抱里,在与父母生活的过程中,能感受到幸福的感觉。这不是指物质的满足,不是有吃有穿,想玩什么就玩什么,而是内心世界真正有幸福的感觉。

案例

有段时间,我的小女儿特别喜欢买盲盒。一开始,我也没多想,后来,我跟家里生产盲盒的一位学员聊了聊,发现我的小女儿喜欢盲盒,是我们家的一件大事。因为盲盒对孩子影响很大。

盲盒里有隐藏款。孩子都想要隐藏款,但这是凭运气才能得到的,有可能刚好买了一个,盲盒里就是隐藏款,有可能买了几十个也得不到隐藏款。这完全是一种赌博心理。如果孩子欲望特别强烈,只想要隐藏款,他就会见到盲盒就买,不管浪费不浪费，或者直接"端盒"，把一整套都买下来。这样孩子就会玩上瘾。

了解清楚之后，我就找这位学员要了一套盲盒。

我每天早上6点半起来拿一个盲盒放在小女儿的床头，她醒来后就会特别惊喜和激动，有次她问我："爸爸，你不让我买盲盒，为什么每天送我盲盒？"

我说："这盲盒是不能买的。爸爸每天送给你，是因为爸爸总算知道这里面的秘密了。隐藏款的比例是1∶96，特别难得到，会刺激你的欲望，让你不断想得到隐藏款，让你不断地想这件事儿。

"如果你一直买，需要花几千块钱，才可能得到那个隐藏款，这么多钱，我们能不能去做点好事，帮助别的小朋友？如果全浪费在这个地方，会不会造成环境污染？"

这次谈话两三天后，她说："爸爸，咱们以后再也别买盲盒了。"

我说："你玩够了再说。"

我告诉她："只有做好事，别人才愿意帮你。爸爸因为做了很多好事，叔叔才愿意送给我们盲盒。所以，你长大了也一定要多做好事，你去爱更多的人，也会有更多人爱你，你的生活就会很美好。"另外，我还告诉了她什么是欲望。欲望就是一个人从来不去爱别人，做的事都是为自己。我们家是不允许这样的。

第二章 教育孩子第一步：弄清究竟什么是幸福

我用十多天的时间，让她把这件事情弄明白了，而不是一味地禁止她买盲盒。当下社会有太多诱惑，而且信息发达，过度宣传消费，让人的欲望越来越强，人很容易被刺激出欲望。欲望是刺激出来的，也是控制出来的。如果我只是限制小女儿买盲盒，虽然表面上控制住了，但其实她心里没有控制住，我越控制她越想要。我这么做既不控制也不刺激，还让她有幸福的感觉。我相信她一生都可能记得，那段时间每天早上爸爸会给她一个盲盒，这会成为她一生中特别难忘的记忆。她回想的时候，也会有幸福的感觉。

我想告诉大家，让一个孩子真正快乐、开心和幸福，首先要扔掉物质，让他体验人与人之间的真情，然后才是教育。先在真爱和相信的基础上，让他有幸福的感觉，他才愿意接受你的教育，听你的话，这时候你教育他，让他成为一个优秀的人，做事成功，生命有意义，才会事半功倍。而不是只给孩子提供好的物质条件，让他努力成功，就是让他幸福了。

请大家一定记住，家庭是个爱的场，幸福第一位，不要把教育放在家庭的第一位。

四、通往幸福的"黑线"之路,是否真幸福

请大家再回看这条通往幸福的"黑线"之路:

第一,努力就能成功吗?不一定。一个班 50 个人都在努力成功,前 3 名也只有 3 个。成功的人是少数。并且,成功的保障只有努力吗?不完全是。学习特别好的孩子,可能是热爱学习,热爱才是最好的老师。

第二,考上好大学就一定有好工作吗?也不一定。那考上好大学的保障只有努力吗?只有努力,没有自信心,没有意志品质,会成功吗?也不一定。

第三,好工作就一定会有好收入吗?还是说,收入高的就是好工作?如果收入高就是好工作,那么不讲道德和责任,违法犯罪可以获得高收入,可以吗?价值观、理想和志向,这些对一个人也都特别重要,但是这条"黑线"上没有这些东西。

第四,物质条件好就一定能幸福吗?那可不一定。

可这条"黑线"却成了父母教育孩子、想让孩子走上幸福之路

的信念系统。几乎每个家长都在让孩子往这条路上走。事实上，走这条路只会得出七种可能：

（1）功利：这条路走得很通畅，享受名利，成为精致的利己主义者。

（2）内卷：这条路一直在走，在压力和焦虑中一直努力着。

（3）内耗：这条路不得不走，在畏难和焦虑中被迫努力着。

（4）摆烂：不想走又放不下，在想好却又没行动力中挣扎。

（5）叛逆：这条路我就不走！谁让我走这条路我就和谁急！

（6）躺平：无所谓，不走了！在无聊和自闭中混日子、过日子。

（7）享乐：不努力，吃喝玩乐！在虚荣和享乐中寻找舒服和刺激。

每一种可能的人都会有他自认为的幸福：躺平的认为谁也别理我，我在自己的世界里就是幸福；叛逆的觉得跟父母斗争就很幸福；内卷的认为得到那个好的结果就会幸福；功利的认为别人的夸奖就是幸福，别人的羡慕就是幸福；享乐的认为找到更刺激的东西，证明自己的存在就是幸福；摆烂的认为有人来帮他，让他重新站起来是幸福。

他们都有自己定义的幸福，可他们真的幸福吗？第一种和第七种人觉得自己幸福，但是他们会给家人带来巨大的痛苦，家人不幸福了，最终他们也不可能真幸福。

30岁前的我就是第一种人：得到（1），是想成为（7）。我已经深刻地体验到了，无论是第一种人，还是第七种人，我的感受都是只能体会到无法言说的压力和焦虑，体会不到幸福。

总之，这条"黑线"的教育之路中并没有真正系统地给出人为什么活着，人生的意义究竟是什么，什么才是真正的幸福。那么，我们到底该如何做呢？

第三章

孩子出了"问题"，根源是父母的爱出了问题

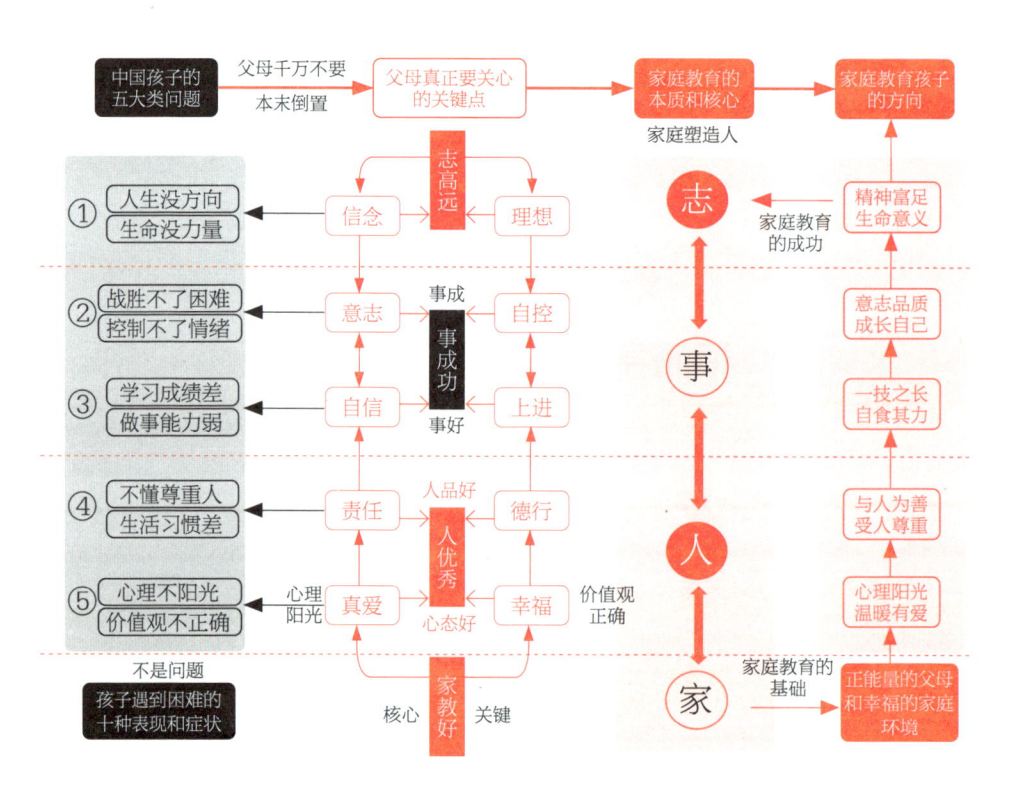

| 中国孩子的五大类问题 | 父母千万不要本末倒置 | 父母真正要关心的关键点 | → | 家庭教育的本质和核心 | → | 家庭教育孩子的方向 |

家庭塑造人

① 人生没方向 / 生命没力量 ← 信念 — 志高远 — 理想 → 志 ← 精神富足 生命意义 （家庭教育的成功）

② 战胜不了困难 / 控制不了情绪 ← 意志 — 事成 / 事成功 — 自控 ↕ 意志品质 成长自己

③ 学习成绩差 / 做事能力弱 ← 自信 — 事好 — 上进 → 事 ↕ 一技之长 自食其力

④ 不懂尊重人 / 生活习惯差 ← 责任 — 人品好 / 人优秀 — 德行 ↕ 与人为善 受人尊重

⑤ 心理不阳光 / 价值观不正确 ← 真爱（心理阳光） — 心态好 — 幸福（价值观正确） → 人 ↕ 心理阳光 温暖有爱

不是问题

孩子遇到困难的十种表现和症状

核心 — 家教好 — 关键

家 ← 家庭教育的基础 — 正能量的父母和幸福的家庭环境

第三章 孩子出了"问题",根源是父母的爱出了问题

第二章讲到的七种可能是不是正是当下父母在教育孩子的过程中必须面对的问题?那么,真的是孩子出了问题吗?

我相信,所有的父母都会说:我希望我的孩子幸福。我相信,所有的父母也都会说:我不想培养出功利、内卷、内耗、摆烂、叛逆、躺平、享乐的孩子。可是,孩子却出现了上述七种中这样或那样的状态。

父母在教育孩子的过程中,会不会一直有一种执念:我发现家庭的问题,如果把家庭的问题解决了,我家就会幸福;我发现孩子的问题,我帮助孩子把问题解决了,我的孩子就会变得优秀。真的是这样吗?

一、父母是否成功解决过孩子的问题

在家庭生活中，我们都会遇到各种各样的问题，尤其孩子出生后，在养育和教育孩子的过程中，随着孩子年龄的增长，问题可能如雨后春笋般往外冒。

在孩子小的时候，父母可能头疼的是：

孩子不爱吃饭的问题；

没有养成好习惯的问题；

爱生病，怎么让孩子不生病的问题；

早教的问题；

……

孩子上了小学，父母开始头疼：

写作业的问题；

迟到的问题；

上课不认真的问题；

注意力不集中的问题；

成绩好坏的问题；

不爱运动的问题；

营养不良或营养过剩的问题；

……

孩子到了青春期，不管之前的问题有没有解决，父母可能又要面对新的问题：

孩子越来越不听话的问题；

孩子关闭房门，不愿和父母交流的问题；

孩子叛逆的问题；

孩子早恋、失恋后痛苦不堪的问题；

孩子人际关系不好的问题；

孩子爱攀比的问题；

……

孩子年龄不断增长，随之而来的是中高考、大学、就业、恋爱、婚姻……在这个过程中，父母是不是觉得自己时时刻刻都在面对各种各样的问题？

在课堂上，我经常会问学员三个问题：

第一，你们在教育孩子的过程当中，是否曾努力地解决过孩子的问题？

大多数人的回答是：都曾很努力、很尽心尽力地去解决。

第二，你们在努力解决问题的过程中，有没有成功解决过孩子的某个核心问题？

他们的回答大多是这几类：

第一类：好像是解决了。

第二类：我想了各种办法，都没用，没成功解决过。

第三类：在我的努力下，孩子表面上接受了、改变了，实质是把这个问题隐藏起来了。

第四类：孩子小的时候，问题小，就去解决小问题，孩子越来越大，大的问题慢慢出现，就去解决大问题去了。

第三，问题到底是越解决越少，还是越解决越多？

他们的回答如下：

变少了（有此回答的人还是极少数的）。

变多了（如此回答的人，比上一个回答的人要多一些）。

没想过，不知道问题是变少还是变多，只是觉得永远有解决不完的问题（更多的是这样的回答）。

随着孩子长到十六七岁或者二十多岁，家长可能会说："唉，就这样吧。我怎么就生了这样的孩子，反正我都管过了，就这样吧。"

可是，孩子曾经并不是这样。

回想婴幼儿时期的孩子，他是不是对这个世界充满探索，特别爱学习？

回想孩子小的时候，他是不是满脸都是灿烂的笑容，很愿意听父母的话？

回想12岁前的孩子，他是不是很努力地想满足父母的所有要求？

什么时候孩子不再是这样了呢？他为什么不再这样了呢？原因可能是父母太想解决孩子的问题，一直盯着孩子的问题，认为盯着问题并去解决问题，孩子就会变优秀。

正在阅读本书的父母们，请你们也回答一下这三个问题：

---

1. 你们在教育孩子的过程当中，是否曾努力地解决过孩子的问题？

   （　）是　　　　　　（　）否

2. 你们在努力解决问题的过程中，有没有成功解决过孩子的某个核心问题？

   （　）有　　　　　　（　）没有

3. 问题到底是越解决越少，还是越解决越多？

   （　）越解决越少　　（　）越解决越多

   （　）没想过，不知道是变少还是变多，只是觉得永远有解决不完的问题

会爱才是真爱

回答问题的过程中，父母们有没有发现，自己的家庭生活一直在"看见问题—解决问题—又看见一个问题—继续解决问题"的"解决问题模式"中，不停地循环往复？

这背后有一个逻辑：看到别人的缺点和不足，指出来，并要求别人改正，别人就进步了！

如果这个逻辑真的成立，那家庭教育岂不是简单至极？！父母可是最擅长看到孩子的缺点和不足并且指出来的。

我们把这个看似很正确，实质却是错误并不符合规律的逻辑称为变态逻辑。

换言之，就是父母用控制与要求，压制和阻断了孩子自己发现缺点和不足的内在动力，从而导致一系列问题的出现。这样的想法从表面上看是很有逻辑的，是站得住脚的，但是在实际操作中，我相信，有这样想法，并坚决去执行的家长，都是"抓狂"的。

案例

> 我夫人从小弹钢琴，女儿没有出生前家里就有钢琴。我女儿从小就对钢琴很感兴趣，幼儿园的老师特别喜欢她，在幼儿园教她弹琴，她回家也练琴。
>
> 刚开始练琴的时候，我夫人还能保持"让孩子玩玩"的心态，但没过多久，我就发现出现了问题，女儿开始不喜欢弹钢琴了。

第三章　孩子出了"问题"，根源是父母的爱出了问题

我发现，在我女儿练琴的时候，夫人因为懂琴，比较专业，于是内心对孩子没了欣赏，有了要求，总在旁边看着，不断地指出女儿的不足，"这里弹得不对，那里弹得不好"。这就是"找出孩子的不足，指出来，孩子改正就能进步"的观念在作祟。女儿慢慢就不像刚开始学习时那么有兴趣了，还和我说："爸爸，我不想学钢琴了，你去和我们老师说，好吗？"我说："爸爸想一想。"

我和夫人进行了交流，我告诉她："只有欣赏孩子，具体找出孩子进步和值得欣赏的地方，孩子内心觉得被认同，才会积极主动。她积极主动的结果，就是自己会找自己的不足并改正。当孩子积极主动的时候，我们再给她合理化的建议，孩子才能真正进步。"

和夫人探讨之后，我让夫人不要再管孩子弹琴，我来管。

第一步，不要就孩子的"语言"来解决问题，我们要关注孩子语言行为背后的原因和内心需求。

我没有跟老师去谈女儿不学钢琴的事情，因为我知道，孩子说的话其实不是她的心里话，她只是在发泄情绪。但通过她的情绪我们能看出她这么说背后的原因和内心真实的心理需求："我挺喜欢弹钢琴的，但妈妈不认同我，我弹钢琴时不高兴，就不想弹了。"

第二步，"心赏"。这里用"心"，就是说父母要发自内心地

欣赏孩子，而不是表面假装欣赏。千万不要把"心赏"当作让孩子优秀的手段，否则你的"心赏"带有功利心，孩子就能感受到你的虚伪。

第二天，我在客厅看书的时候跟女儿说："爸爸特别喜欢听你弹《扬基歌》这首曲子。你和妈妈都会弹钢琴，爸爸没有音乐细胞，不如你弹给爸爸听好吗？"女儿特别开心，就给我弹了这首曲子。我"心赏"了女儿，对于4岁多的她来说，小手在钢琴上像蝴蝶一样翩翩起舞，我看得心花怒放，我看不到女儿弹琴的不足，她弹一遍，我就发自内心地鼓一次掌。那一晚，女儿弹这首曲子弹了20多遍，越弹越熟练。

第三步，表扬——关键在"扬"。让很多周围的人知道孩子在这件事上有多积极主动，进步很大。

我一有机会就会给远在他乡的爷爷奶奶、姑姑叔叔打电话。在通电话的时候，时不时就会提到女儿弹钢琴的事情，表达我对女儿的"心赏"。我常常说："爷爷啊，你孙女现在在学钢琴呢，她是他们班小朋友中弹得最好的，因为她每天回家都主动练琴，还弹给我听，不怕吃苦，也不怕累，我都心疼她，但是你孙女就是有不服输的那股劲儿。"

女儿每每听到这些话，就会更加主动地练琴。因为她知道爸爸发自内心地觉得她好。

表扬不要对着孩子，没有人能承受那么多赞美的话，更何况

> 大量家长的表扬根本不是因为孩子做得好,而是希望孩子更好!
>
> 表扬的诀窍是"把孩子好的地方告诉更多的人"。当然这里的表扬也不能有目的性和功利心。我还有一个小技巧:把孩子弹琴的样子用手机录成小视频发给亲戚。孩子特别喜欢,因为她知道,爸爸为她而骄傲。
>
> 对于女儿弹钢琴这件事情,我们家没有给她定任何"时间""目标""曲目",她每天晚上都会坐在钢琴边练琴,不是跟着老师的进度,而是主动弹更多的曲子,这个时候,妈妈就派上用场了。在孩子主动问问题的时候,妈妈给孩子建议和指导。
>
> 现在,我女儿最爱说的一句话是:"爸爸,我给你弹曲子听。"我一定会认真地坐在她身边欣赏,然后抱抱她,并和她说:"真好听,爸爸就喜欢听你弹琴。"她会说:"我再给你弹一首。"
>
> 其实,我根本不在乎女儿弹琴弹得有多好,我在乎她是不是开心快乐,在乎她在弹琴的过程中有没有成就感和价值感。

请记住——不是父母要孩子学,一定是孩子自己要学。如果是父母要孩子学,孩子就会没有学习的乐趣了。

我夫人现在明白了这个道理,她不再一味地指出孩子弹得不好的地方,而是在孩子提出问题的时候,才给孩子指导。她明白了,只有"心赏"孩子,孩子才会特别努力。孩子特别努力就会自己发现问题,并想办法解决问题。在这个时候,家长要出现,要帮助孩子,这就形成了良好的互动关系。

家长运用变态逻辑的时候,孩子接收到的是"否定、不认同"的感觉和信息,这样的感觉和信息让孩子远离爱。真正的规律是,当孩子被信任、被欣赏、被接纳的时候,他才会感受到父母的爱,才愿意跟父母一起面对问题、解决问题。

二、是父母遇到了问题孩子，还是孩子遇到了问题

那么，到底是父母遇到了问题孩子，还是孩子遇到了问题？父母擅用的"解决问题模式"解决不了问题，到底怎么做才能解决问题呢？

请大家先记住一句话：往往就是"问题"这两个字，才让很多孩子出了问题。很多家庭都是在不断解决孩子问题的过程中，让孩子的问题越解决越多，越解决越大。

我在课堂上常会举一个例子，这个例子在家庭中很常见。

案例

孩子放学回家，坐在那里认真写作业，什么问题都没有。这时父母端了盘水果、拿了瓶酸奶过去："宝贝，写作业呐，要不要喝点酸奶啊？要不要吃点水果啊？"

孩子回答："妈妈（爸爸），我不吃。"

然后，父母一看："哎，你这个字儿怎么写错了？"

孩子说："我写错了，我擦了重写呗！"

父母说："你怎么总是马马虎虎的呀。"

出错本来很正常，改了就好，可是父母开始责备或唠叨起来了。

孩子一听，心烦了，说："你烦不烦呀！"

父母火了："你错了，你还说我烦。"

孩子说："你本来就挺烦的呀。"

父母回："你这个不孝顺的孩子，我都是为了你好。"

最后，孩子把笔一放，心想老子不写了。

这是不是没事找事？孩子在那儿写作业，父母为什么要端水果和酸奶过去呢？这不是打扰孩子吗？而且谁还不会出个错呢？如果父母看到错误，耐心地说："写作业写错很正常，错了改过来就好了。"这不就没有问题了吗？

我用这个在很多家庭都司空见惯的场景举例，就是想请父母们静下心来想一想：问题是不是你们制造出来的，或者是你们解决出来的呢？是不是还会越解决越多，越解决越大呢？

大家可以把自己认为的孩子的问题一条一条列出来，我们一起来看看，孩子出现的所谓问题，表现方式各种各样，是不是都可以归在这十小类里：

（1）人生没有方向；

（2）生命没有力量；

（3）战胜不了困难；

（4）控制不了情绪；

（5）学习成绩差；

（6）做事能力弱；

（7）不懂尊重人；

（8）生活习惯差；

（9）心理不阳光；

（10）价值观不正确。

这十小类是我接触了众多父母和孩子之后梳理总结出来的。我们可以用前文列出的孩子小时候、上了小学及青春期遇到的问题做个测试，看看是不是这样（见表3-1）。

更确切地说：这些并不是问题，只是孩子遇到困难时的十种表现和症状，还可以进一步归纳总结为五大类：

（1）（2）关乎信念和理想；

（3）（4）关乎意志和自控；

（5）（6）关乎自信和上进；

（7）（8）关乎责任和德行；

（9）（10）关乎真爱和幸福。

信念、意志、自信、责任、真爱，是一个人的内在状态，相对

表 3-1 十类"问题"测试表

时期 \ 问题	人生没有方向	生命没有力量	战胜不了困难	控制不了情绪	学习成绩差	做事能力弱	不懂尊重人	生活习惯差	心理不阳光	价值观不正确

第三章 孩子出了"问题",根源是父母的爱出了问题

应的表现形式分别为:理想、自控、上进、德行、幸福。只关注孩子的所谓问题,是不是本末倒置了?信念、理想、意志、自控、自信、上进、责任、德行、真爱和幸福,才是父母真正要关心的关键点。

"问题"只是指引父母看到问题背后孩子真实的内在状态是怎样的,而孩子的内在状态取决于孩子的教育环境和家庭环境。因此,父母只需要关注孩子的教育环境和家庭环境,这两者改变了,孩子的内在状态自然就会发生变化,所谓的问题就被超越了,也就跳出了解决问题模式。

我们来更形象地说明一下:把孩子比喻成一棵果树,他在家庭、学校、社会中成长。突然有一天,孩子结了一个"苦涩果子"。你针对这个"苦涩果子"去想尽一切办法,想把它变成"甜蜜果子",让它健康和成熟,这可能吗?或是你什么都不做,又或是你把"苦涩果子"摘掉,来年就能结出"甜蜜果子"吗?肯定不行。那你需要怎么办?你需要从树的状态及它生长的环境(土壤、水分、阳光)着手,探寻问题出在哪里、病因是什么,针对病因进行治疗,来年才能长出健康、成熟的"甜蜜果子"。所以,面对问题时,我们需要去看问题背后的原因。

三、面对孩子的问题，父母请先"四问"自己

那么，我们如何去看问题背后的原因呢？

首先，我们可以通过问以下四个问题来引起自己的思考。请大家记住下面的句式，未来不管遇到什么问题都可以用这样的句式。问这些问题时，并不需要你们马上给出答案，只需要通过这样的方式和自己对话。

一问：孩子是孩子，孩子出现问题正常吗？

孩子在社会化过程中出现问题很正常。如果孩子从小到大都没出现过问题，有一种可能是问题被隐藏或者被忽略了，等到隐藏不了的时候，他的问题就变成大问题了。例如：很多带着压力和焦虑努力学习、学习好、各方面表现也不错的孩子，在压力大到不能承受时就会崩溃，甚至会自残、自杀。

第三章 孩子出了"问题"，根源是父母的爱出了问题

二问：孩子为什么会出问题？

作为父母，你们想过这个问题吗？毕竟每个孩子都曾经像天使一般纯洁可爱。

三问：谁能帮助孩子解决遇到的问题？

大多数父母是盯着孩子的问题要孩子自己解决，却很少看到很多问题是孩子自己解决不了的。父母认为的小问题对孩子来说就是天大的问题。例如：我们要求孩子认真。可什么是"认真"？我们有告诉过他怎么做吗？我们知道什么是"认真"吗？如果没有告诉孩子怎么做，却不断要求孩子、忽悠孩子、给孩子讲大道理，要求孩子"认真"，那就是在伤害孩子。

四问：如果孩子的问题一直都存在怎么办？

随着孩子长大，父母心里是不是会想：我该努力的都努力了，我该做的都做了，那就这样吧。我怎么没有生一个学习最好的孩子呢？

父母有没有思考过？如果你能从这四问开始，就能从认知上打破原来的只是想办法解决问题的思维模式，走向探索问题背后真相的新的思维模式。

我列举几个很多父母都会遇到的具体问题，来用"四问"的思维模式进行思考。

比如：不爱学习的问题（见图 3-1）。

```
                    ┌─────────────────────────────┐
                    │ 孩子出现不爱学习这个问题正常吗？ │
                    └─────────────────────────────┘
                       爱学习的是少数，不得不学的是多数？
                    ┌─────────────────────────────┐
                    │ 孩子为什么会不爱学习，原因在哪里？│
      问题           └─────────────────────────────┘
   ┌──────┐           毕竟每个孩子都曾经热爱学习并为此努力过！
   │不爱学习│        ┌─────────────────────────────┐
   └──────┘         │ 谁能真正帮助不爱学习的孩子爱上学习？│
                    └─────────────────────────────┘
                       究竟怎么能让孩子爱上学习？
                    ┌─────────────────────────────┐
                    │ 想尽一切办法，孩子还是不爱学习怎么办？│
                    └─────────────────────────────┘
                       该做的都做过了！那就这样吧！
```

图 3-1 不爱学习的问题

一问：孩子出现不爱学习这个问题正常吗？

我从小学习成绩特别好，但是我也不爱学习，可是不学不行。不然成绩下降的话，面子往哪儿放？同学怎么看我？老师怎么看我？爸爸妈妈怎么说我？

孩子出现不爱学习这个问题正常吗？我觉得很正常。爱学习的毕竟是少数，不得不学的是大多数。

二问：孩子为什么不爱学习，原因在哪里？

每个孩子都曾经热爱学习，并为此努力过，3岁的时候，4岁的时候，5岁、6岁、7岁、8岁……他是不是曾经特别热爱学习并为此努力过？他为什么慢慢不爱学习了？

三问：谁能真正帮助不爱学习的孩子爱上学习？

第三章 孩子出了"问题",根源是父母的爱出了问题

如果有一个培训机构,真的能让一个不爱学习的孩子变得爱学习,一定有大量的家长蜂拥而至,那为什么没有呢?当下的培训机构实际上做的是堆知识,不让孩子的学习成绩下降,并不能让孩子真正爱上学习。

四问:想尽一切办法,孩子还是不爱学习怎么办?

如果是这样,父母最后只能无奈地说:"他就不是学习的料,我都努力了,他就是这样的,算了。"这是不是大多数父母走过的过程?

比如:不认真写作业的问题(见图3-2)。

一问:孩子不认真写作业正常吗?

毕竟虽然不认真却还在写作业的孩子是多数。

问题:不认真写作业

- 孩子不认真写作业正常吗?
  毕竟不认真却还在写作业的孩子是多数。
- 孩子为什么写作业不认真,原因在哪里?
  毕竟每个孩子都曾经认真过!
- 谁能让不认真写作业的孩子认真写作业?
  究竟怎么能够让孩子认真写作业?
- 想尽一切办法,孩子还是不认真写作业怎么办?
  该做的都做过了!那就这样吧。

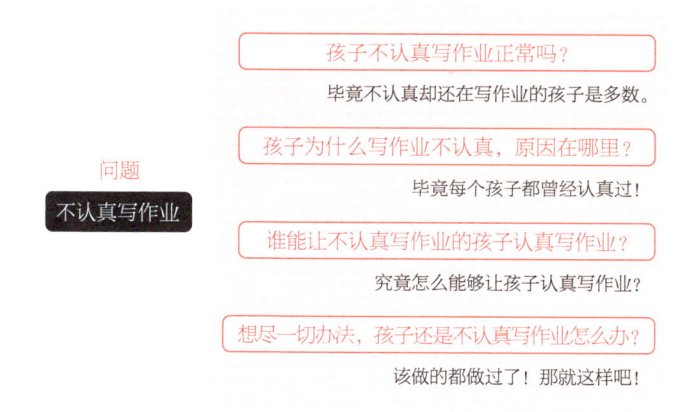

图3-2 不认真写作业的问题

二问：孩子为什么写作业不认真，原因在哪里？

毕竟每个孩子都曾经认真过，想让老师夸奖，想让父母高兴。

三问：谁能让不认真写作业的孩子认真写作业？

当下的托管班，往往只是盯着孩子把作业做完，孩子到底认真不认真，那是另外一回事。

四问：想尽一切办法，孩子还是不认真写作业怎么办？

报培训班好像是父母的第一选择，但是这可能不能真正解决这个问题。最后父母会说："我该做的都做了，就这样吧。"

比如：手机成瘾的问题（见图3-3）。

这个问题可能是很多父母当下面临的突出问题中的一个。

一问：孩子玩手机成瘾正常吗？

有人说正常，有人说不正常。

问题 手机成瘾

- 孩子玩手机成瘾正常吗？
  作为父母，你会不会也离不开手机？
- 孩子为什么会玩手机成瘾？原因在哪里？ 无知
  毕竟孩子最开始的时候对手机并不成瘾！
- 谁能让玩手机成瘾的孩子放下手机？ 无法
  究竟怎么才能让孩子不依赖手机？
- 想尽一切办法，孩子还是依赖手机怎么办？ 无奈
  该做的都做过了！那就这样吧！
  激烈的方式，相互伤害！

图3-3　手机成瘾的问题

作为父母，你会不会也离不开手机？你会不会睡觉前拿着手机，去卫生间抱着手机，出门忘带手机的话，就没着没落的特别难受？如果是这样，那你也对手机成瘾了。现在绝大部分人都离不开手机，你说孩子玩手机成瘾正常不正常？

二问：孩子为什么会玩手机成瘾，原因在哪里？

毕竟最初的时候孩子对手机并不成瘾！孩子为什么会对玩手机成瘾？谁能回答这个问题？父母天天想怎么让孩子放下手机，却很少想孩子为什么放不下手机；又或是想过了，却没找到答案。

三问：谁能让对手机成瘾的孩子放下手机？

在我的课堂上，当我问到"大家有没有遇到孩子放不下手机的问题？"时，学员的普遍反应是："是，是，是，这个问题太让人头疼了！这是个大问题！怎么也解决不了，亟待解决。"

我又问："如果有一家教育机构，能够让你的孩子不沉迷手机，你会报名吗？"

很多人回答："报，报，报。"

这下，很有意思的问题就来了！既然手机问题让那么多父母头疼，迫切想解决它。有需求就应该有市场，如果真有一家教育机构能做到让孩子不沉迷手机，收益之丰厚可能大到令人无法想象。可为什么没人做这件事呢？

因为做不到，没有人能解决这个问题。

究竟怎么才能让孩子不依赖手机呢？其实孩子放不下手机，并不是个"问题",只是"症状",所以解决不了。

四问:想尽一切办法,孩子还是依赖手机怎么办?

很多家庭成员之间的"战争"根源就在这儿,父母想尽一切办法,孩子还是依赖手机,怎么办?

一般情况下,父母会表现出两种状态:

一种是躺平的方式:我该做的都做了,就这样吧;

一种是激烈的方式:断网、砸手机,甚至双方大打出手,最后老死不相往来。

我在这里用不爱学习、不认真写作业、手机成瘾这三个常见问题为例,用了不少反问句和父母互动,只是为了警醒父母。看到这三张图,你们有没有发现,"四问"犹如一面镜子,一下子就照见了父母对孩子所谓问题的不接纳和"三无"状态:无知、无法、无奈?

四、问题不是用来解决的，问题是用来超越的

我们先来看一个案例，孩子妈妈想就孩子的所谓问题去解决，结果根本解决不了问题。而我在陪伴这个孩子的过程中，用"四问"的理念帮助了孩子。

案例

我曾经在十多年前辅导过一个孩子，这是一个让我很难忘记的辅导案例。"核心"一幕时常在我眼前闪现。其实我并没有帮助孩子什么，只是使用了"认真原则"而已。这个案例让人难忘还有一个原因，孩子妈妈的所有行为让那时的我更加确定我的观点"孩子的问题本质上都是家长的问题"是正确的。

我们把这个孩子叫峰峰吧。峰峰17岁，高二辍学在家，家里没有办法，让他去一所计算机职业学校学习编程。那是一个上午，我讲完课，一群家长围着我，主办方把我拉到一边，让

我单独辅导一个家长和她的孩子。这个孩子就是峰峰。他的妈妈站在旁边喋喋不休地描述孩子的"问题"。（请注意：当着外人面说孩子不好，是对孩子极大的不尊重。）

【孩子是孩子，出现问题很正常。】

我告诉峰峰妈妈先不要说话。这时，我注意观察着峰峰，他比我高半个头，头歪歪地耷拉着（请原谅我这样描述他，我觉得这是最贴切的形容）。

我开始和他对话："你叫什么名字？"

他小声地说："峰峰"。

"你平时喜欢做什么？"

他摇摇耷拉着的头说："不知道"。

"你喜欢看什么书呢？"（我想和孩子找到共同的兴趣点。）

他摇摇耷拉着的头说："不知道"。

我想他应该爱看电视吧，就问他："平时你看电视吗？"

他先摇头后马上又点头说："看的！"（这时候我判断，摇头是他的习惯动作。）

"你喜欢看什么节目？"我接着问。

他摇摇头说："我也不知道，就是拿着遥控器一个一个台看，我也不知道看什么节目。"（我初步判断他是对生活失去了兴趣，没有人生目标，现实也不快乐，我知道这个孩子不是一

第三章 孩子出了"问题",根源是父母的爱出了问题

句两句可以调整好的!)

"妈妈说,你在学习编程。你现在在学习什么编程语言啊?"(接着找兴趣点。)

"BASIC。"他答道。

我欣喜,这个我会:"我也学过一点,你能告诉我 1+1=2 这个程序怎么编吗?"

"我不知道!"(他根本没有学会任何东西!)

这时主办方说:"去吃饭吧,边吃边说。"

于是我们十余人跟着主办方朝饭店走。这个时候,峰峰妈妈大声地说:"峰峰,快给郑老师提上包。"峰峰过来给我提包。我没有让人给我提包的习惯,我认为这是对人的不尊重。但我怎么都拗不过峰峰,没有办法,只能让他给我提着包。他妈妈在旁边说:"我们家峰峰就是好,出门就喜欢给长辈拎包。"其他人都夸峰峰,我看到峰峰妈妈一脸满足。说实话,看着妈妈这样,我有些心疼孩子。

到了饭店,峰峰坐在我的左手边,峰峰妈妈坐在我的右手边。一桌有十几个人,峰峰妈妈大声地说:"峰峰,给叔叔阿姨倒水!"孩子起身给大家倒水,大家又一次夸奖峰峰,妈妈一脸满足的笑容。峰峰妈妈的眼神一直都没有离开过峰峰,我趁峰峰去倒水,严肃地和她说:"从现在起,你不要再发出声音,不要再盯着你的孩子,该干什么干什么去。"

这是个无知的妈妈，一定是她错误的教育方法才让孩子长成这样的。而且孩子已经变成这样了，她还不断地指使孩子以得到别人的表扬来"让自己脸上有光"！我们爱的是孩子这个人，还是爱的是孩子能给我们挣面子？

我一直观察峰峰，想着从什么角度入手，能让他对我产生兴趣。我发现峰峰给每个人倒水的时候，都会洒出来一些。我把他叫过来说："峰峰，你看，你倒的水都会洒出来一些，每个人都是这样。"他看了之后特别不好意思，还伸了一下舌头。

【我一直用心观察着孩子，想找到他"出问题"的原因，在具体的事项上抓住时机。】

我知道机会来了，我拿过一个杯子，接过他手里的茶壶，分解了动作，跟他说："你看，首先，手要拿稳；第二，把壶嘴放在这个位置，略高于杯子，壶嘴延长线要在杯子内；第三，倒水，一定要快一点，不要拖拖拉拉；第四，看着快要满的时候，把水壶拿平，一定要快，要注意一定不要把手往后撤，你把水倒洒的核心原因就是一边把水壶拿平，一边就把手往后移动了。你试试！"

没想到峰峰非常高兴，拿着壶自己试，那个动作太可爱了。一个17岁的男孩，试一次然后把水喝干，再试一次。等练得差不多的时候，他开始注意桌上每个人的茶杯，谁的茶杯没有水

第三章 孩子出了"问题",根源是父母的爱出了问题

了,就过去倒水,非常"认真"!——按着我教给他的分解动作小心翼翼地倒,他看自己没有倒洒,开心地看着我笑。

这是我第一次见到他笑,他耷拉的脑袋也抬了起来!不一会儿就像发现新大陆一样问我:"郑老师,水没有了,大的暖水瓶往水壶里倒是不是也是这样啊?"我让他试试,他向服务员要来大的暖水瓶并"认真"地往水壶里倒水,发现是同样的道理后开心地大叫:"郑老师,是一样的!"一个中午,峰峰没有吃一口饭,不断地给所有人"认真"地倒水,"认真"地把大的暖水瓶的水倒到水壶里,而且还举一反三给大家倒酒!真的,可以用"快乐得像只小鸟"来形容这个17岁的大男孩。

【我用实际行动帮助孩子解决了他遇到的问题。】

他妈妈激动地说:"这个孩子已经很长时间没有这么开心了,郑老师你真了不起!"我心里暗想:"要不是你,孩子怎么会成这样。"当着孩子面我没有说。

峰峰在随后的两天课程中,每天坐在第一排听我讲课,大大的眼睛一直盯着我,搞得我很不好意思。他就是想盼着我下课,和我一起"认真"。

那次课程结束的时候,我给他留了作业,第一,"认真"地学会怎么编程。第二,头不准再耷拉下来,不许听别人说什么都先摇头,要昂起头!从那以后,我和峰峰成了好朋友,他不

断和我联系，告诉我他每天的进步，在我的帮助下，峰峰开始热爱生活，找回了自信……

【如果孩子的问题一直都存在，我会继续用同样正确的方式去信任他、找到他遇到问题的原因、给他具体建议和帮助，等待他自己解决。】

古人也早就给出了"四问"背后的答案。

《传习录》里说："人须在事上磨练，做功夫，乃有益。若只好静，遇事便乱，终无长进。"可以总结为：事上练，心上磨，致良知。也就是说，在每件事上细细磨炼，才能提升自己的修养和素质，才能拥有能力和智慧。怕麻烦，不想担责，又希望事事顺心如意，这怎么可能？家庭教育亦是如此。父母如果有"盼着孩子出问题"的好心态，那肯定就体会到了事上练的益处。

《论语·子罕》里说："知者不惑，仁者不忧，勇者不惧。"意思是，聪明人不会困惑，他们能够运用智慧，思考问题，并作出正确的决策；仁德的人以仁慈的心态去看待世界，并为他人着想，不会因为自己的利益而忧虑；勇者不会畏惧，他们敢于面对挑战，不畏惧困难，勇往直前。我用大家听得懂的方式将其表达出来就是：问题不是用来解决的，问题是用来超越的。

第三章 孩子出了"问题",根源是父母的爱出了问题

小 贴 士

爱与幸福"接纳四步宝典"

他就该是这样!

他为什么是这样?

他是什么感受?

我怎么爱他和帮助他?

以上就是接纳四步宝典。接纳让我们去了解孩子,从而理解孩子,爱到孩子:**只有了解,才能理解;有了理解,才开始爱。**如果我们理解不了孩子,那一定是我们了解孩子还不够。

也就是说,**你只能改变你能接纳的,你接纳不了的,永远不会因你而发生改变。**

其实我们的老祖宗早就告诉了我们这些道理。

"只有了解,才能理解;有了理解,才开始爱":就是"不知言,无以知人也。"(出自《论语·尧曰》。意思是,不懂得一个人说的话,就没有办法了解这个人。)

"你只能改变你能接纳的,你接纳不了的,永远不会因你而发生改变":就是"行有不得者,皆反求诸己。"(出自《孟子·离娄章句上》。意思是,从自身做起,只有改变自己,别人才会因你的改变而发生改变。)

接纳会促使你走向了解、理解和爱。如果我们在每一次"接纳"

别人的过程中体会喜悦,就能慢慢走向"悦纳"。更重要的是一个人只有接纳了,才能智慧地处理问题;不接纳,所有的处理都可能只是宣泄自己的情绪和要求而已。接纳了不处理,叫纵容;接纳了再去正确地处理,叫有智慧!

五、关注"人事志",问题迎刃而解

我们再回看孩子遇到问题时的十种表现和症状。

孩子有这十种表现和症状,说明孩子缺少十个非智力因素:信念、理想、意志、自控、自信、上进、责任、德行、真爱、幸福。

父母很容易在智力因素上做文章,在能力上下功夫,但很少在非智力因素上下功夫。这十个非智力因素,就是一个人成为优秀的人的内在品质,孩子会表现出来"好的状态",这才是父母真正要关心的关键点(见图3-4)。

孩子有一技之长,能自食其力,需要自信和上进,需要有意志力和自控力。这会让他做事成功。例如:他想当警察,如果他自信上进,可以当个好警察。如果他想当个优秀的警察,在自信上进的基础上,他还要有意志力和自控力,才能在当警察这件事上做成功。

与人为善,受人尊重,这是一个人有责任心和德行的外在表现形式。真爱会让人有责任心,幸福会让人有德行。真爱会让人心理

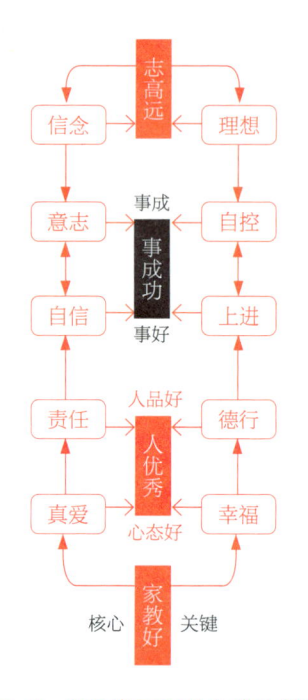

图 3-4　父母真正要关心的关键点

阳光，幸福会让人价值观正确，温暖有爱。

一个人有信念和理想，就能志向高远，精神富足，拥有生命的意义。

最后，一个人应该有强健的体魄，拥有神清气爽的状态。

如果你的孩子拥有这十个内在品质，他外在的表现形式可能就是以上的状态。

如果你的孩子缺少这十个内在品质，他就会表现出十大类不好的状态，这些不好的状态可以细分出更多不好的行为和状态：如早恋、抽烟、喝酒等，更有甚者，开始厌学、休辍学，人生变得迷茫，等等。

因此，父母真正要关心的关键点是这十个非智力因素，而不是每天围绕着孩子遇到的问题或者缺点，问："怎么办？""想什么办法解决？"

父母要从问题中跳出来，回到本源，回归家庭教育的本质和核心：家，要塑造什么样的人？正能量的父母和幸福的家庭环境是家庭教育的基础，孩子精神富足、生命有意义是教育孩子的方向，也是家庭教育成功的体现（见图3-5）。

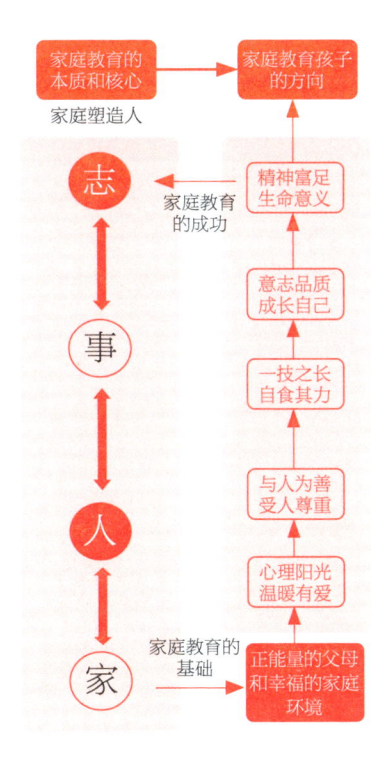

图3-5 家要塑造什么样的人

换言之，无论是孩子还是父母，拥有志向，做人优秀，做事成功，所有问题都会迎刃而解。

人、事、志在一个人的身上是合一的，我们这样表述只是为了方便表达，并不是将人优秀和事成功分开来。

试想：

如果一个孩子心理阳光，温暖有爱，与人为善，受人尊重，他做人会不会好？

而且，这个孩子拥有一技之长，能够自食其力，有良好的意志品质，愿意成长自己，他做事会不会成功？

同时，他精神富足，追求生命的意义，那么他的人生还会被所谓的问题给困住吗？

第三章 孩子出了"问题",根源是父母的爱出了问题

小 贴 士

爱与幸福《生命成长宣言》

优秀的孩子到底是什么样子的?有标准可循吗?有!

我用《生命成长宣言》的八条给出了答案。《生命成长宣言》详细地诠释了一个人生命成长的所有细节,是一个人一辈子都要追求的方向,是我在多年实践和陪伴中基于中国文化不断精进的3.0版本!

其中:

第一条指出了中国文化的核心;

第二条讲的是真实;

第三条讲的是修养;

第四条讲的是德行;

第五条讲的是责任;

第六条讲的是学习方法;

第七条讲的是生命状态;

第八条讲的是理想和志向。

以下是《生命成长宣言》的全文,供各位家长参考。

1. 我们顶天立地

脚踏实地,尊道守德,行知合一负全责;感恩奉献,无我利他,不卑不亢挺脊梁;道法自然,心怀天下,精神富足正气扬。

2. 我们热爱生活

真实不伪装，直面不逃避，奉献不自我，传递不孤岛；面向阳光，自信快乐，我要活出我自己；坚定信念，迎接挑战，相信自己一定行。

3. 我们亲如一家

臣服天地，反哺父母。相互信任、"心赏"和悦纳，困难时给予帮助，建议时卓有成效。在爱中真实，在真实中获取爱的力量；在奉献中内观，在内观中获取信的力量。用爱融化欲望，用信战胜恐惧，一滴水融入大海便成了大海。

4. 我们拥有自律

静以修身，俭以养德；不任性有原则，绝不不劳而获，杜绝不知珍惜；自律的人不需要他律，他律的人没有自律，唯有自律人生才会真正精彩。

5. 我们历事炼心

分内的事情尽力做，出了问题敢担当。历事有经验，有始有终，做完做好，反思总结，精益求精；炼心长智慧，充满爱，满怀希望，树立理想，坚定信念，行动！行动！行动！生命成长。

6. 我们自学为本

学习其实很简单，老师不教我也会；仰望星空，脚踏实地；先封顶，后装修；无疑之处能生疑，遇到问题心态平，发现错误仰天笑，纠正错误坚定行。爱学习，会学习，能学习，提高自己的综合素质和能力；交高人，读好书，长见识，探寻自己的生命价值和意义。

7. 我们生命绽放

用生命感动生命，以行动带动行动，健康而强壮，勤奋而拼搏，喜悦的无私，温暖而有力量。挣钱是能力，花钱是智慧，德才兼备，允公允能。

8. 我们国之栋梁

做中国的未来，做未来的栋梁；让外国人喜欢并敬佩中国人；让别人喜欢并敬佩我们；幸福小家，帮助大家，贡献国家；成为拥有中国灵魂和世界眼光的大写的人。

第四章

重要的不是解决问题，
而是找到正确的方向

如果越解决孩子的问题，孩子问题越多，为什么还要解决呢？
因为（此处非常重要）

如果父母不去解决孩子的问题，父母会怎么样？

| 不放心 | 不安心 | 很焦虑 | 特害怕 | 没自我 | 很着急 |

真相是

父母看似在努力解决问题，实际是想通过解决孩子的问题来让自己内心舒服而已。

本质上，父母不是为了孩子更好，父母是为了自己内心更好。

父母是自我的，甚至是自私的。

爱是利他的，是无私的。

孩子是会读心的，孩子感受不到你的利他和无私，孩子感受到自己被物化。
所以孩子不会配合你解决问题，甚至明知道自己的问题，也根本不想解决自己的问题！

第四章 重要的不是解决问题，而是找到正确的方向

在第三章，我们展示了孩子从小到大遇到的各种各样的问题，归纳总结了孩子在成长过程中遇到困难时所表现出来的十种症状。归根结底，父母不能本末倒置，要真正关心关键点，也就是孩子是否拥有信念和理想，意志力和自控力如何，是否自信和上进，是否有责任心和德行，是否拥有真爱和幸福。

也就是说，问题只是现象，并不是真相；父母能否通过现象看见真相，才是关键所在。

一、问题只是现象，不是真相

我以让很多父母头疼的作业问题开始讲述，只是想请大家看到：

作业！作业！作业！——真的不是作业的问题。

孩子不好好写作业只是现象，父母必须通过"孩子不好好写作业"这一现象去发现原因和真相，对症下药，才能解决根本问题。在这里，我先简单列几种原因：

- 上课没有听懂的孩子不好好写作业，作业写不好，不是作业问题，是孩子听课效率低的问题。
- 责任心缺乏的孩子不好好写作业，孩子从心里就不认为作业是自己的事，作业写不好，不是作业问题，是孩子责任心不足的问题。
- 厌学的孩子不好好写作业，作业写不好，不是作业问题，是孩子厌学的问题。

第四章 重要的不是解决问题，而是找到正确的方向

* 缺乏上进心的孩子不好好写作业，作业写不好，不是作业问题，是孩子内心成就感和价值感偏低的问题。每天做同样的事情，每天都感受不到价值感和成就感，谁还愿意持续做这件事？

* 不喜欢老师的孩子不好好写作业，作业写不好，不是作业问题，可能有好几项原因。例如：有些孩子仅是不喜欢某位老师而不好好写这门课的作业，我们要解决的是孩子跟这位老师的关系问题。有些孩子是我喜欢的事我就做，我不喜欢的事我就不做，我喜欢的老师我就学，我不喜欢的老师我就不学。这样的孩子从生活中也能看出来，比如表现在挑食上，所以挑食的孩子往往会偏科，这虽然不绝对，但是两者内在本质是一样的。这其实是一个自我感受的问题，那就不是解决作业问题，而要解决他内在自我的问题。

* 和父母对抗的孩子不好好写作业。比如：孩子在写作业，父母在那唠叨，他情绪失控，心里难受。当父母一说写作业，他就皱眉头，这个时候他已经不会好好写作业了。就像你在单位里工作的时候，老板就在旁边盯着你，看你做得好不好，你会真的那么投入和认真吗？我们要解决的是作业问题还是亲子关系问题？

* 夫妻关系不好的家庭的孩子可能不好好写作业，作业写

不好，不是作业问题，是父母的夫妻关系问题，因为夫妻不恩爱，家里的环境没有爱和温暖，孩子心不安，无法安心写作业，并且对他来说写作业没有什么意义。

* 学习已经跟不上的孩子不好好写作业，作业写不好，不是作业问题，要解决的是跟老师沟通先不写作业，拿出时间补进度的问题。

* 自私享乐的孩子不好好写作业，作业写不好，不是作业问题，是这样的孩子吃不了苦，没有意志力和自控力，要解决的是孩子自私享乐的问题。

* 不会写作业的孩子不好好写作业，作业写不好，不是作业问题，是孩子学习方法出了问题。例如：先写文科作业还是先写理科作业？先写喜欢的学科作业还是先写不喜欢的学科作业？放学回家是先玩还是先写作业？写到一半能不能出去玩？遇到不会的题该怎么办？有人说，遇到不会的题先跳过去，可是遇到不会的题，孩子心情已经不好了，即使跳过去，也无法静下心来写，这是他不会写作业的问题，还是他没有学习方法和技巧的问题？

我再举一个我曾经辅导过的初二男孩所谓作业问题的真实案例。

第四章　重要的不是解决问题，而是找到正确的方向

案例

　　一个男孩每天不写作业，但是每天都交作业。语文课收作业时他交作业本，数学课收作业时他也交作业本，但是老师翻开里面全是空白的。你说气人不！老师批评，爸妈打骂，一点用都没有。

　　当时，我帮助这个孩子所在中学做家长课堂已经有三四年的时间。老师和父母都拿他没办法了，找到我。我跟孩子聊了几句后，孩子开始大哭。哭完之后，我把他的老师和父母叫过来，他就不哭了，但是跟我说的心里话全变了。

　　我问他："你为什么不写作业还交作业？"他说的话把老师和父母鼻子都快气歪了，但是我觉得他说得太有道理了。

　　他说："你看，作业里这些题我都会，我会了我还做什么啊，浪费时间。"老师和父母急切地问："那不会的呢？"他说："不会的，我写不出来，我怎么写？会的不用写，不会的写不出来。所以，我不是没写作业，我交了空白本并不代表我没写作业，我看了作业，我也思考过了。"

　　请问有没有道理？

　　实际上，这孩子哭的时候跟我说的话完全不一样。他说，他爸爸是二婚，他继母曾经对他很好，生了一对龙凤胎后，继母一下就对他不好了，爸爸也不再关注他了。原来的家庭给他

> 带来的内在伤害就此爆发，他不相信继母是真的对他好，他就折腾，他用这种行为让父母总来学校，心态是"你们不是关注弟弟妹妹吗，我就折腾你们！你们打我骂我，也是关心我，也是关注我"。

这个男孩不写作业是问题吗？如果这个男孩的父母因为担心他不努力学习，考不上好大学，找不到好工作，没有好收入，就无法幸福，从而努力地去解决他所谓的作业问题，他们能让孩子感受到爱吗？

不是父母不爱，他们很努力地一次次去学校解决男孩所谓的作业问题；而是他们不会爱，没有找到男孩作业问题背后的原因和真相，也就没法让孩子感受到爱。这真的不是作业问题。

就像一个人生病了，症状是发高烧，用物理降温可能解决不了问题，必须知道他为什么发烧，是病毒感染还是细菌感染？如果医生诊断时说："找不到病因，就给你降降温吧。"你会怎么想？"这肯定不行，这是治标不治本，治本才是关键。"

不找病因，只找方法解决症状，有可能会延误治疗，导致病情加重；即使症状消失，病情也只是暂时被隐藏了，再次爆发只是时间问题……要想治本，就需要找出发烧背后的原因：是什么引起的发烧？如果确诊是肺炎引起的发烧，那么肺炎就是病因。治好肺炎，发烧的症状自然也就消失了。甚至还可以再往深处寻找，是什么引

第四章 重要的不是解决问题,而是找到正确的方向

起了肺炎。

在此,我想再次强调:父母所看到的孩子的问题,往往都只是现象,不是真相。现象是表面的,现象背后的原因是真相,内在的真相会导致外在的现象。不被现象困扰,在真相上做文章,才能事半功倍,也就是我们在第一章就明确的,家庭教育的本质、方向和意义:永循真理,坚守正道!

那么,到底是什么让父母的眼里都是孩子的作业问题,他们努力地解决孩子的作业问题,并采用解决作业问题的方式爱孩子呢?

那么,到底是什么让父母的眼里都是孩子这样那样的问题,他们努力地去解决孩子这样那样的问题,并用解决问题的方式爱着孩子呢?

二、是什么让父母这样去爱

到底为什么，会让父母这样去爱？

回答这个问题，我想我们得从社会发展、时代变迁的大背景、大环境出发去考虑，这样才能真正找到答案。

有部热播的电视剧叫《觉醒年代》，里面有个怪怪的老头，拖着一条长辫子，却精通8门外语，获得了13个博士学位，他就是北大教授辜鸿铭先生。20世纪20年代，当觉醒的中国人把德先生（民主）和赛先生（科学）奉为救国法宝的时候，一生傲骨的辜鸿铭先生却大谈中国人的精神，大谈中国人的人格和风骨，大谈中国传统文化的永恒价值。辜鸿铭先生满身清朝遗老的装束，自然给许多人留下了顽固、保守的印象，所以他的主张长期被人冷落和误解。回看那段历史，我们发现，那时积贫积弱的中国，急需采用"师夷长技以制夷"的方式唤醒国人，而另一方面中国传统文化中优秀的精神内核，确实受到西方文化的极大冲击。

新中国成立以后，西方对中国从赤裸裸的封锁围堵，逐渐转变

第四章　重要的不是解决问题，而是找到正确的方向

为以好莱坞电影为代表的文化渗透；甚至有人放言，要用"奶头经济"① 摧毁中国一代，甚至几代人。

确实在经济高速发展的同时，个人主义（不孝）、功利主义（无情）、自由主义（无责）、消费主义（物质）、享乐主义（空虚）都开始冒头，正如南怀瑾先生警示的那样：在中国人物质生活日益富足的今天，我们的精神世界正在被物质贪欲主导、驱动。所以，我很坦率地说，文化渗透的危害是极大的。

孩子出现种种问题，他们其实也是"受害者"。然而，最可悲的是，许许多多的父母，会茫然不知地把"受害者"模式传给他们的孩子，当孩子出现问题时他们又感觉痛苦、充满抱怨。

我这样讲，是有充分的事实依据的。我通过接触的无数案例，发现了一些普遍的现象：当父母用现实的残酷、生活的艰辛来恐吓、威胁孩子——上不了大学、找不到工作、谈不了恋爱——的时候，他们可能根本没有意识到，真正感到恐惧和害怕的正是他们自己；当父母执迷于现实生活中各种各样的成功——其实是不断膨胀的欲望和贪念——的时候，他们可能早已忘记告诉自己的孩子，少

---

① 奶头经济，是"奶头乐理论"的延伸，指的是生产力的不断提升伴随着竞争加剧，世界上 80% 的人口将被边缘化，他们不必也无法参与产品的生产和服务，同时 80% 的财富掌握在另外 20% 的人手中。为了安慰社会中"被遗弃"的人，避免阶层冲突，方法之一就是让企业大批量制造"奶头"——让令人沉迷的消遣娱乐和充满感官刺激的产品（比如：网络、电视、游戏）填满人们的生活，转移其注意力和不满情绪，令其沉浸在"快乐"中不知不觉丧失对现实问题的思考能力。

年时的周恩来曾经立下的志向,为中华之崛起而读书;当父母向孩子描绘未来的幸福生活——事业成功,有车有房——的时候,他们可能根本没有意识到,自己也正在用物质生活的诱惑驱动孩子的精神世界;或者,当父母鼓励和要求孩子成为一个优秀的人——有理想、有志向、有力量——的时候,他们可能会被反感、排斥和对抗,因为他们自己也不是优秀的榜样。

在这类父母的身上,我们传统文化中那些优秀的东西,比如家风、家规、家教,比如修身、齐家、治国、平天下,已经难觅踪影了;取而代之的是,永不满足的成功,永不满足的享受,永不满足的欲望。

试问,当这些父母的内心已经变成了精神的乞丐、文化的荒漠,又如何奢望他们用一块绿洲去滋养孩子的成长?!

因此,我的结论是,很多父母并不是不爱他们的孩子,真相是,他们自己根本不知道如何去爱!进一步说,父母不会爱孩子这个真相的背后,更深层次的原因是传统的文化缺失。

现在,我们回到父母关心的种种具体现象,去剖析它们形成的具体原因。

第四章　重要的不是解决问题，而是找到正确的方向

三、在"怕"和"要"中解决孩子问题的父母，会培养出什么生命状态的孩子

大家还记得第一章结尾处我提到的两条线吗？

很多父母在第一条线上教育着孩子，希望孩子能够走在第一条线上，都期待着孩子能够幸福，于是这条看似非常符合逻辑的线成了很多父母的教育路径：

孩子如果不努力学习，就考不上好大学；

孩子如果考不上好大学，就没有好工作；

孩子如果没有好工作，就没有好收入；

孩子如果没有好收入，就没有好生活；

孩子如果没有好生活，就不会幸福。

于是，父母因此"怕"着、"要"着：

怕孩子不努力学习，要孩子努力学习；

怕孩子考不上好大学，要孩子考上好大学；

怕孩子没有好工作，要孩子有好工作；

怕孩子没有好收入，要孩子有好收入；

怕孩子没有好生活，要孩子有好生活；

怕孩子不幸福，要孩子幸福。

父母在"怕"和"要"中努力着、纠结着、痛苦着，让自己和孩子出现了下面五种生命状态：

第一种，因为怕，很有行动力，要到了：自负功利型；

第二种，因为怕，有行动力，大部分时间能要到，偶尔要不到：想赢怕输型；

第三种，在怕和要中纠结，行动力差：纠结内耗型；

第四种，不怕也不要了，没有行动力，麻木地生活着：麻木自闭无所谓型；

第五种，因为怕而胡乱动，什么也没有要到：抑郁狂躁虚荣型。

我把这五种生命状态比喻为"弹簧人生"，弹簧的一端是"怕"，一端是"要"（见图4-1）。

人在弹簧的不同部位会表现出不同的生命状态，具体如下：

第一种：自负功利型（很有行动力）

具体表现：欲望压力大，执着机器化，自负总控制，陀螺停不下，失眠思虑多，功利情感少，渴望被温暖，亲人最不易。

这类人在生活中表现不出来"怕"，表现的全是"要"。他们能力特别强，很有行动力，表现得特别自信，实质很自负，喜欢控

自负功利型（很有行动力）

想赢怕输型（有行动力）

纠结内耗型（行动力差）

麻木自闭无所谓型（无行动力）

抑郁狂躁虚荣型（胡乱动）

图 4-1 弹簧人生

制一切。他们的内在世界就像有根弹簧，揪得很紧，他们死命抱着"要"不敢松手，一旦松手，弹簧就会弹到"怕"的那一边，所以，这类人表现出来的是"要"，表现不出来"怕"，"怕"是藏在心底的。

他们以结果为导向，内心充满压力和焦虑，但是他们大多看不到自己有压力，因为他们的压力可以通过批评员工、朋友、家人，或者通过控制别人、发脾气得以发泄掉。他们执着于结果，执着于自己的想法，要别人听他们的，所以，当他们的亲人很不容易。他们除了偶尔放松或放纵一下，绝大部分时间工作个不停，像个陀螺一样停不下来，只有转着，才心安；停下来，就痛苦。所以，这类人在夜深人静的时候，会因思虑多而失眠，总要困得不行才入睡。

这类人活得很累。

第二种：想赢怕输型（有行动力）

具体表现：想赢很努力，怕输心态差，向好很亢奋，困难情绪差。

这类人没有第一类人那么努力，或者不像第一类人那样总能要到结果，他们大部分时间能要到，偶尔要不到，所以他们在怕和要之间摆动，摆动的幅度比较大，他们想赢怕输。想赢，就会很努力，怕输，心态就会差，结果好的时候就特别亢奋，好像没什么问题，遇到困难的时候，就会变得情绪化。

这类人活得很不安、很苦，因为他们的心在弹簧两边摆动。

第三种：纠结内耗型（行动力差）

具体表现：纠结难选择，内耗很无力，偶尔有行动，试试无能量。

这类人只是偶尔能要到结果，怕也没那么怕，因为结果就那样，所以，他们就变成了行动力差、活在纠结中的人。他们表面上很温和，但内心世界的情绪波动很大，却不敢跟人说，他们把本可以用来面对困难和问题的力量全都内耗掉了，外在呈现出的是无力状态。他们内心总有两种声音在打架："做还是不做？不做不行，不做不好，还是做吧；做了以后也会不好，做不好又怎么办？"这类人想明白了以后就会试一试；可是行动后，如果遇到困难又无力了，"算了，算了"的心态一出现，他们又开始纠结和思考。

这类人不太痛苦，但觉得活着也没多大意思，羡慕着别人，又战胜不了自己。有时看着比自己差的人，还会沾沾自喜。

第四种：麻木自闭无所谓型（无行动力）

具体表现：不要不怕很麻木，自我包裹成孤岛，享受享乐无所谓，无聊空虚无意义。

这类人并不是不要结果，而是已经感到绝望，因为知道自己要不到结果；他们并不是不怕，只是把害怕的感受阻断了。最直观的例子就是有些女人在婚姻中想要爱，结果得不到，于是就绝望了，不要了。

想要要不到的感受太让人痛苦了。所以，他们要么麻木自闭，成为孤岛；要么活在物质的享受享乐中，整个人变得无聊、空虚、觉得生活无意义。

第五种：抑郁狂躁虚荣型（胡乱动）

具体表现：无理取闹瞎折腾，上蹿下跳情绪化，物质虚荣很自卑，抑郁狂躁不正常，自残自杀问题大。

有些人在家庭出现重大问题被恐惧笼罩着失去理智时会出现这样的状态。

例如：孩子休学或辍学了，父母完全被"怕"笼罩，失去了理性思考，跟孩子哭闹、要求、打骂，甚至下跪，像疯了一样。而孩子基本上也会是黑白颠倒，作息混乱，或上蹿下跳情绪化，或物质虚荣很自卑，或抑郁狂躁不正常，甚至有自残自杀行为。

活在弹簧人生状态中的父母，因为自己的"怕"和"要"，不知不觉地带着孩子也走在了弹簧上，努力地解决着"怕不好"和"要不到"带来的各种各样的问题。

面对弹簧人生带来的各种各样的问题，父母的内心是否有这样的观念：

> 我发现，我的孩子有很多问题，我把问题一一指出来，并要求他把问题都解决了，他学习就好了，他就会优秀了。
>
> 我发现，在我的生活中有很多问题，如果把这些问题一一解决了，我就幸福了。

真的是这样吗？

如果父母不去解决孩子的问题，父母会怎样？

四、残酷的真相

真相一：父母看似在努力解决问题，实际上是想让自己内心舒服而已

其实很多父母很清楚，越去解决孩子的问题，孩子的问题越多；越解决孩子的问题，孩子的问题越大，可是他们还在执着地解决着孩子的问题，为什么？

因为不去解决孩子的问题，父母会感到抓狂、焦虑、害怕、着急……

这些状态会让父母极度痛苦，所以他们一定要去解决那些问题：那些问题真正解决与否不重要，重要的是父母只要盯着那些问题去解决的过程，心里就舒服了。

所以，真相是父母看似在努力解决着孩子的问题，实际上是想通过解决孩子的问题，来让自己内心舒服。

这个真相很残酷，父母可能一时接受不了。

但是请父母静下心来感受一下：你在解决孩子问题的过程当中，

是不是打着为孩子好的旗号,是不是盯着孩子解决问题?如果你真的是为孩子好,孩子为什么不接受?孩子到青春期了以后为什么不理你?为什么会沉默?为什么跟你顶嘴?

恕我直言:本质上父母不是为了让孩子更好,而是为了让自己内心更舒服,父母是自我的,甚至是自私的。他们"真的爱"孩子,但是可能从来没有"真爱"过孩子。我们会在后面的章节中专门谈谈"真的爱"和"真爱"。

我认为会"真爱"孩子的父母太少了,利用孩子让自己不焦虑、利用孩子想达到自己内心的期待和欲望的父母太多了。

爱是利他的,是无私的,孩子是会读心的,孩子感受不到你的利他和无私,孩子就会感受到自己被物化。

什么叫物化?

我是工具,我是实现你内心愿望的工具,帮助你内心不焦虑、不恐惧、不着急的工具。

我是工具,我是达到你的目的,让你舒服的工具,我不是人,我感受到我是被你利用的,我感受不到你的爱。

想解决问题的父母,都是功利的。家庭成员关注家庭问题的时候,很有可能就远离了幸福。如果一个家庭很幸福,幸福和问题可不可以共同存在?就像我家每天也可能出各种各样的问题,但是它们不影响我家幸福。但是非常多的人非得分个先后,执着地认为问题解决之后,人生才会幸福。我跟我夫人说得最多的一句话就是:

我俩恩恩爱爱，充满正能量，家里欢声笑语，彼此互信互爱，这个家这么好，我们的孩子都不会给我们家抹黑的，都不好意思不自信、不上进，怎么会变不好呢？

真相二：父母做不到不解决家庭和孩子问题

从今天开始，父母能不能不再解决家庭和孩子问题？

他们肯定做不到。当他们不盯着孩子问题的时候，不想解决孩子问题的时候，他们可能比解决孩子问题的时候还要痛苦、不安、焦虑、担心得多，他们根本无法跟那样的自己在一起，只能想尽办法盯着孩子的问题，让自己安心。

当父母真的不去看这些问题的时候，真实的自己就会出来，真实的自己欲望很大，焦虑很多，担心很多，不安很多。

爱是利他的，是无私的，努力解决孩子问题的父母，不是在爱孩子，不是帮助孩子变得更好，而是在利用孩子来满足自己的欲望，利用孩子来消除自己的恐惧，这就是为什么我们不要一味去解决问题。

五、父母爱的是孩子，还是孩子努力的结果

在家庭生活中，这样的场景你们是否熟悉：

孩子表现好的时候，父母就高兴："你看，这孩子表现多好，未来会更好！"还有父母会想："如果再努力点儿，这孩子还可以表现得更好！"

孩子表现不好的时候，父母就担心、高兴不起来："这孩子怎么这样？他为啥不能更……"

此时，父母忘记了：孩子是不是遇到了什么困难？是和同学发生矛盾了？是被老师批评了？还是学习有压力了？

此时，父母忘记了，孩子其实和自己一样：表现好的时候，想表现得更好，就会越来越累；表现不好的时候，内心是痛苦的，更需要帮助和陪伴。

孩子像一只小鸟，父母如果关注的是孩子飞得高不高，爱的就是孩子努力的结果；父母如果关注孩子飞得累不累，爱的就是孩子这个人。

第四章 重要的不是解决问题，而是找到正确的方向

父母们，扪心自问：你们爱的是孩子？还是孩子努力的结果？

那个总是努力达到父母想要的结果的孩子，爱与幸福理论形象地称之为"小黑人"。

也就是说，"小黑人"不是实际中存在的孩子，而是父母心目中孩子的样子。这个孩子满足了父母所有的期待，例如：他听话，他回家就写作业，他考第一名，他见人就打招呼，他从来也不顶嘴，他特别有礼貌……这其实是根据父母的"怕"和"要"幻化出来的孩子：怕自己的孩子成不了这个样子，又要自己的孩子成为这个样子！

父母心中有了这个"小黑人"，孩子就会很惨！

因为父母每天都拿自己的孩子跟心中的"小黑人"比较，要求孩子达到"小黑人"的样子，不再关注孩子内心的喜怒哀乐。孩子感受不到爱，感受到的是父母把欲望和恐惧用表扬、批评、讲道理、要求等方式摊派给了自己，感受到的是父母功利的伪装和没有被满足后的负能量。孩子当然就缺爱了，因为父母爱的不是他，爱的是心中的"小黑人"。

我给大家描述一下孩子的内在世界：

> 我很爱我的父母
>
> 我努力迎合着他们的要求
>
> 因为我知道，努力达到他们的要求，他们会很开心

努力后达不到他们的要求,他们会很失望

慢慢的,我长大了

我知道他们爱的不是我,是我努力的结果

我知道他们爱的不是我这个人,而是他们心目中的孩子

他们的爱是有条件的

我是缺爱的……

我发现,我达到了他们的要求

他们会提高他们的要求

这样的生活什么时候是个头

我很累,我很迷茫

我发现,我没有达到他们的要求

他们会想尽一切办法让我达到他们的要求

我很努力的同时,我对自己很失望,我对他们很失望,这让我对生活也很失望

当然,我怎么努力也达不到他们的要求

他们会适当放低他们的要求,可是放低的要求,我努力也达不到啊

这让我很绝望

我发现"不努力要比努力舒服得多"

我不再努力了……

第四章　重要的不是解决问题，而是找到正确的方向

突然有一天，我对自己说：

"哎，我不行。我真的不行了……"

从那一天起，我失去了自信

突然有一天，我对自己说：

"哎，努力也没用，我不努力了……"

从那一天起，我不想再上进

爸爸妈妈错误的爱，让我失去了自信和上进

他们竟然还不断地批评我，没有自信和上进

我想告诉各位父母：每个孩子曾经都非常努力，每个孩子都想好，每个孩子都很好，每个孩子都能好！

小 贴 士

杀死"小黑人"的七种武器

1. 做好三比：自己跟自己比，今天跟昨天比，这次和上次比，只要不退步就是进步，即使退步也是为了更大的进步。如果家长拿孩子和更强的孩子比，孩子就会拿自己和比自己弱的孩子比；如果家长做好三比，孩子就会和比自己强的孩子比。

2. 打开"心赏"模式：每天找出自己、爱人和孩子两个值得"心赏"和进步的地方，具体写下来并说出来（说完转身就走），持续90天，不得间断，间断了就从头再来。写到不想改变别人，就说明你真正开始写"心赏"了。什么是真正开始写"心赏"？你写的"心赏"可以打动、感动自己的时候，你的"心赏"就拥有能量了。你读"心赏"的时候，对方可以从你的眼神、语气、语调和表情中感受到温暖和力量，你的"心赏"就达标了。

3. 拥有珍珠心态：眼睛看到的是珍珠，你就是一颗珍珠；眼睛看到的是垃圾，你就是一堆垃圾。坚持写"心赏"不是为了让别人改变，尽管它是让别人上进的前提，而是为了锻炼我们拥有一双发现美的眼睛和一颗珍珠般的心。

4. 警惕变态逻辑：看到别人的缺点和不足，说出来并要求别人改变，别人就进步了，这就是变态逻辑。真正的规律是，当一个人真正被"心赏"、被信任、被悦纳的时候，他愿意主动找自己的不足去改正，他就进步了。其秘密在于，成为一个温暖而有力量的人，用感动来打动他人，用行动来带动他人。

5. 悦纳是关键：你只能改变你能悦纳的，你悦纳不了的永远不会因你而发生改变。悦纳不是忍耐，悦纳是对真相的看见和对生命的尊重。悦纳不是纵容，悦纳是开心接受别人的一切后，再用宽严有度原则解决问题。悦纳的关键在于通过"读生命这本大书"而体会到"只有了解才能理解，只有理解才开始爱"的真谛和美妙。

6. 警惕顽强的"小黑人"："小黑人"很顽强，像打不死的"小强"，他很容易复活，造成更大的伤害。

7. 坚持最重要：每个人都能做到，但是没有几个人真的做到。幸福的路上并不拥挤，只是坚持的人太少了。

（因为本书篇幅所限，我在这里就不展开这"七种武器"的具体应用。）

六、这真的是父母和孩子想要的人生吗

那个"小黑人",真的是父母想要的孩子吗?

活在"怕"和"要"的弹簧人生状态中的父母,请想想看,第一条线背后的逻辑是不是这样的(见图4-2):

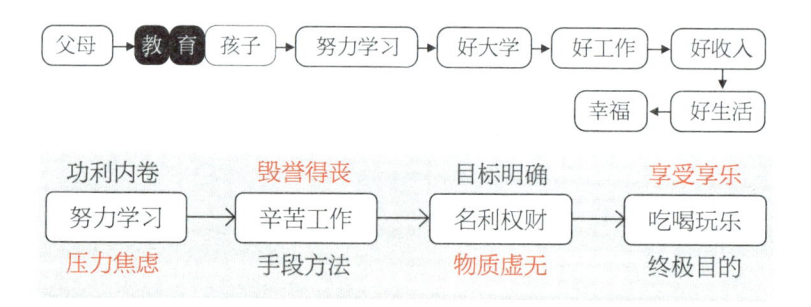

图 4-2 黑线背后的逻辑

努力学习、辛苦工作,得到了名利权财,最终可以财务自由、可以周游世界,人生的幸福成了吃喝玩乐的自由,也就是说,享受享乐似乎成了终极目的!

请问:真的是这样吗?

我举一个学员的真实案例,大家看后就会更加清楚。

第四章　重要的不是解决问题，而是找到正确的方向

案例

这个孩子从小到大都是"别人家的孩子"。15岁去加拿大游学时，他见到了四个人，一个是在校大学生，一个是大学毕业刚步入社会的青年，一个是三四十岁上班上得失去梦想、内心苍老的中年人，还有一个是快到暮年的人。他把四个人放在一起，排列出了一个人完整的一生，前后衔接得毫不违和。他猛然发现，这就是他未来的人生：

* 按部就班地上学，接着考一所顶尖大学，学一个没啥感觉的专业，选择这个专业只是因为可以通过它拿到名校的录取通知书，可以成为未来成功的工具；
* 在国外，不会害怕也不会想家；
* 几年后，拿到一张很权威、很重要的毕业证，然后通过这张毕业证进入一家顶尖的公司上班；
* 上班后，可能会留在国外，因为没啥谈心的人，可能表面很快乐，内心却是空洞的；
* 然后，遇到一个和自己很相似的女生，可能会结婚；
* 结婚之后呢？把家装修得很豪华却没有家的感觉；
* 接着，孩子可能会和他一样，走一条和他一样的路；
* 最后，他也走到了暮年，最终入土。

一个 15 岁的孩子看到了自己未来几十年的样子，他发现自己如果一直沿着黑线走，是有问题的。

他从小到大都很顺利地按照老师和父母的指引，走在很多人都在走的方向上，长到了 15 岁，看似走得很正确也很好，可他觉得缺点什么。他不知道缺什么，正处在迷茫的时期，突然看到了自己未来几十年的样子，意识到：我这么下去就会成为他们，他们的生活是我想要的吗？人生的意义就是挣钱，然后吃喝玩乐？这是我想要的人生吗？

他怎么能不思考：难道我所追求的人生的终极目的就是享受享乐吗？

有的父母会对孩子说："你看爸爸妈妈就是这么走过来的，现在我们就有好收入，过着好生活。"实质上这些父母所说的好生活，依旧是享受享乐的生活。

请问：这真的是父母和孩子想要的人生吗？

父母和孩子真的要走在这条路上吗？让自己一生在压力焦虑中度过，在毁誉得丧的得失心中度过，在物质的虚无中度过，在享受享乐的无意义人生中度过？

而且，走通这条路的是少数人，如果你是少数人中的一个，你得到最终所谓的"幸福"时，可能又会觉得毫无意义。

很多人走不通这条路、成功不了，还一直在这条路上努力，可

第四章 重要的不是解决问题，而是找到正确的方向

能一生悲催。

更多人走不通这条路、成功不了，也不想成功了，一辈子混一生，过一生，混过一生。

还有一些人，认为自己可以直接到达人生巅峰。因为他们发现这条路的终极目标是吃喝玩乐，反正父母挣的钱都是留给自己的，人生苦短，需及时行乐，为什么不直接达到终极目标呢？

案例

一个小女孩的爸爸妈妈在30多岁的时候就早早"成功"了，不上班，孩子每天早上背着书包去上学，他们还在睡懒觉。

小女孩写了篇《我的理想》的作文，她写着："我的理想就是长大了能和爸爸妈妈一样，什么都不用干，有吃有喝地幸福生活，我爸爸妈妈是这样生活的，我也得像他们一样生活。"

这是她的爸爸妈妈来找我们学习的原因。

还有个孩子跟我说："郑老师，你看，努力学习是为了有个好成绩，有个好成绩可以考好大学，上了好大学是为了得到好收入，有了好收入就能享受生活，我爸妈就是这样的。"

我说："对啊，怎么了？"

他说："他们的目的是有好收入，等他们有钱以后，他们就

> 可以享受生活。"
>
> 我说:"对啊!"
>
> 孩子又说:"那我为什么不能直接达成他们的目的呢?他们死后,他们所有东西都是我的,家里那么有钱,有好几套房子,等他们死了,我卖一套房子,就能享受生活,我为什么还要努力学习、考大学和工作呢?"

这类孩子发出了灵魂拷问:

爸爸妈妈,你们希望我像你们一样努力学习,考上好大学,找个好工作,努力工作有个好收入,拥有名利权财之后,过着吃喝玩乐的舒服生活,是这样吗?

那爸爸妈妈,作为你们的孩子,你们那么爱我,为什么不能让我一步到位,达成你们努力一生的终极目标呢?我们家里是有这样的条件的,我不需要买车买房,家里都还有富余的。你们挣的钱最终也得给我花,我又不乱花,努力学习和辛苦工作,还有必要吗?我可以直接吃喝玩乐,把所有的手段和过程都省略掉,难道不可以吗?

不,父母想给孩子的不是这样的人生!父母希望孩子拥有幸福的人生,孩子所追求的也是人生的幸福。

那,会不会是父母和孩子犯了方向性的错误?

这条教育之路并没有真正系统地给出:

第四章 重要的不是解决问题，而是找到正确的方向

人为什么活着？

人生的意义究竟是什么？

什么才是真正的幸福？

我们又一次回到了教育的根本所在，这也是父母教育孩子的初心，初心即方向！

我把第二条线背后的逻辑呈现出来（见图4-3）：

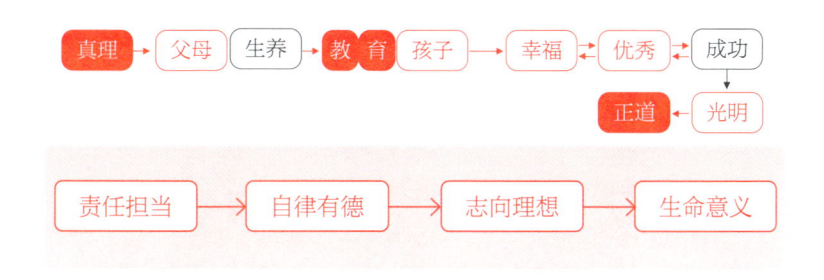

```
真理 → 父母 → 生养 → 教育 → 孩子 → 幸福 → 优秀 → 成功
                                              ↓
                                             正道 → 光明

责任担当 → 自律有德 → 志向理想 → 生命意义
```

图 4-3　红线背后的逻辑

父母培养孩子，幸福是起点，是为了让孩子追求优秀和光明，勤奋拼搏，最终走在正道上，有责任肯担当，自律有德，有志向有理想，追求生命的意义。

会爱才是真爱

七、为什么上大学，上大学为什么

父母们请写出下面三个问题的答案。

1. 孩子一定要上大学吗？

2. 孩子为什么上大学？

3. 孩子上大学为什么？

你的答案会不会让自己悚然一惊？抑或是你根本就没有答案？

时不时会有孩子问我：人一定要上大学吗？这是父母必须要面对的一个问题：孩子一定要上大学吗？提出这个问题，看似是孩子遇到了问题，事实上是他开始思考人生的根本性问题。

这个答案，一定不是一个二元的唯一答案：上大学或者不上大学。我们要回到问题的根本：家庭教育的方向、本质和意义，这也是人生的方向、本质和意义。

我回答这个问题时画了一张这样的图（见图4-4）：上大学不是为了获得学历，学历只是一个桥梁。

很多孩子从小到大，耳边就充斥着这样的声音：

"孩子，你要是上不了大学，这辈子就完了。"

"孩子，你要是上不了好大学，这辈子就没出息了。"

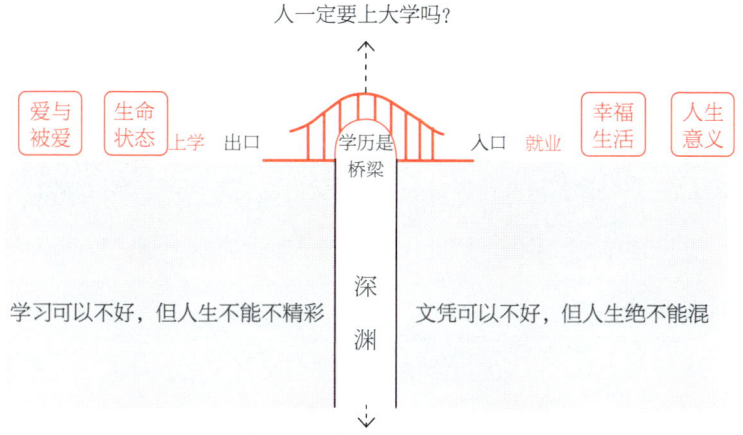

人一定要上大学吗？

爱与被爱　生命状态　上学　出口　学历是桥梁　入口　就业　幸福生活　人生意义

学习可以不好，但人生不能不精彩　　深渊　　文凭可以不好，但人生绝不能混

"我要上不了大学，这辈子就完了吗？"
"我要上不了好大学，这辈子就没出息了吗？"
"我要上不了重点大学，这辈子就没有幸福的人生了吗？"

图4-4　学历只是一个桥梁

"孩子，你要是上不了重点大学，这辈子就没有幸福的人生了。"

上大学，上好大学，上重点大学，成了孩子努力学习的目标，如果达不到这个目标，孩子就会感觉人生坠入深渊。真的是这样吗？如果把从小到大充斥在孩子们耳边的声音换成反问句呢？

"孩子要是上不了大学，难道这辈子就完了吗？"

"孩子要是上不了好大学，难道这辈子就没出息了吗？"

"孩子要是上不了重点大学，难道这辈子就没有幸福的人生了吗？"

这实际上不是上不上大学的问题，而是"为什么上大学？上大学为什么？"的问题。

如图4-4所示，上大学是出口也是入口：上大学是对学校的出口，是对社会的入口，学历只是一个桥梁。

但是现在，上学和就业挂起了钩，上学的目的是考所好大学，找个好工作。当上学与就业挂钩，与名利挂钩，孩子的上学行为就成了就业挣钱的方法和手段。因此，很多孩子不再喜欢上学，也不再喜欢学习。

从根本上讲，孩子们上学是为了拥有幸福生活，让人生有意义，就业同样如此。换言之，孩子们无论是上大学，还是就业，不变的是为幸福生活而奋斗，为寻找人生意义，最后有了人生意义而勇敢向前。

大家可以想一想，孩子们没上学之前就不能有幸福生活吗？孩子上小学、初中、高中、大学的过程中，不能同时拥有幸福生活吗？只能等到大学毕业工作后，才会有幸福生活吗？

当然不是。孩子不管在人生的哪个阶段，不管是上学还是就业，

第四章 重要的不是解决问题，而是找到正确的方向

都需要去感受爱与被爱，拥有好的生命状态，这样才能够时时刻刻幸福生活，天天都可以幸福生活。

而现在，有的家庭让孩子上学是为了让他就业，以这样的目的为导向，可能就会失去本应该拥有的家庭幸福生活。

幸福生活不代表什么不好的事情都不会遇到，而是当我们遇到不好的事情的时候，能积极面对。这种遇到问题积极面对的幸福生活，是不是我们的生命状态导致的？而我们是否有良好的生命状态，本质上在于我们能不能接受爱和付出爱，所以我们要寻找自己的人生意义。但是现在的教育方式让很多孩子内心产生了一个巨大的深渊——我要上不了大学，这辈子就完了！

如果父母有"孩子要上不了大学，这辈子就完了"的心态，他们一定会逼着孩子去考大学、上大学，至于生命状态、幸福生活、生命意义、爱与不爱都会被扔到一边，恐惧支配着他们的一切行为。大家想一想，如果"我要上不了大学，这辈子就完了"这句话一直萦绕在孩子心里，会有多可怕！

学习成绩一般的孩子是大多数，学习成绩特别好的孩子是少数，只要方向对了，幸福生活和人生意义是每个人都可以拥有的，而不是仅仅属于少数人。

所以，学习成绩可以不好，但是人生不能不精彩；文凭可以不来自名校，但人生绝不能混。

上学是幸福生活的一部分，上学是寻找生命意义的一部分，上

会爱才是真爱

学是提升自己生命状态的一部分，上学也是体验爱与被爱的一部分。如果上学不为这四项服务，那么上学有什么意义？

　　人生并不是在上学和不上学之间进行选择，对于我们当代社会的很多人来讲，学历是一座桥梁。

　　最后，我把《谁的问题？》分享给大家：父母需要解决的不是孩子的问题，而是去探寻自己的方向，回归家庭教育的本质。

谁的问题？

孩子的问题

是孩子的

需要孩子自己

去面对

去超越

去解决

父母不要去解决孩子的问题

千万不要

父母能做的是

去爱，不是去要

爱不是对他好，不是要他好

爱是让他心里感受到温暖

去信，不是去怕

信不是不管他，不是怕他不好

信是给予他勇气和力量

不是孩子出了问题

是爱出了问题

不是父母出了问题

是信出了问题

孩子感受到温暖

会愿意来爱你

孩子感受到信任

会敬畏你

会相信你

第四章　重要的不是解决问题，而是找到正确的方向

爱孩子	孩子怎么会为问题负责
相信孩子	父母一切的努力
让孩子不好意思	不是为了解决孩子问题
从而知耻	而是为了
知耻而后勇	为了让孩子愿意
有勇气直面自己	为了让孩子自己愿意
有勇气直面自己的问题	为了让孩子发自内心地愿意
从而超越问题	愿意去直面自己的问题
最终解决问题	愿意去解决自己的问题
不要努力解决孩子的问题	这一切
努力解决孩子问题的父母	只需要
本身就很有问题	生命和生命之间
负起了孩子的责任	感动打动
孩子怎么负责	行动带动

我想再次强调：重要的不是解决什么问题，而是我们追寻的方向！

在家庭生活中，我们解决的永远是问题。但是，家庭生活中我们看似遇到了问题，其实是遇到了真实的人，是人与人之间的关系出了问题。

父母面对的孩子是人，要让孩子改变的话，能用解决问题的思

会爱才是真爱

路吗？我想问大家，如果"解决"之后加的词代表的是人的话，会不会很奇怪呢？比如，我要解决孩子，我要解决爱人，我要解决自己……家庭生活不需要解决什么，只需要家庭最核心的成员相互喜欢，相互信任，相互爱着。如果你们关系是好的，什么问题都能解决，如果你们的关系不好，还能解决什么问题？

我再次提出两个问题：

方向错了，问题解决了又如何？

没有方向，解决问题为什么？

家庭中，父母要面对的是人，不需要解决问题，只需要爱：人有爱，爱对人！

第五章

父母要打破"只想办法，不找原因"的思维惯性

如果没有呢？　孩子喜欢信任我吗？　不知道"为什么"，只想"怎么办"，努力都是徒劳！

我有吗？ → 给到了吗？

我直面自己了吗？

缺什么？　　　四动原则

我了解孩子吗？　关系好了，什么话都好说

为什么？　　　解决问题 → 孩子的问题 ╳→ 怎么办？ → 想办法？ → 最后问题解决了吗？！

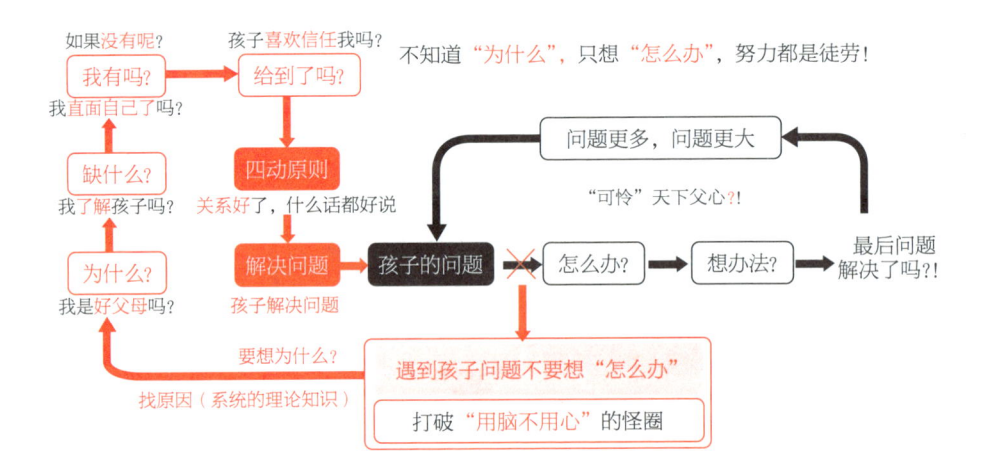

我是好父母吗？　孩子解决问题

问题更多，问题更大

"可怜"天下父心？！

要想为什么？　遇到孩子问题不要想"怎么办"

找原因（系统的理论知识）　打破"用脑不用心"的怪圈

没找到真正原因，天天想办法的父母，每天就是在"自欺，欺人，被人欺"的循环中。

第五章　父母要打破"只想办法，不找原因"的思维惯性

面对孩子的问题，父母往往看到了现象，却忽视了真相。父母要想跳出解决问题的模式，就必须打破"只想办法，不找原因"的怪圈，才能拥有真正的面对家庭生活的智慧。

本章，我们以绝大多数父母都会遇到、让无数父母头疼不已的手机问题为例谈起。

会爱才是真爱

一、让父母头疼的手机问题，是手机问题吗

我接触的孩子非常多，与很多孩子成了很好的朋友，他们会把心里话说给我听。从与这些孩子的交流中，我发现他们真正沉迷手机（网络游戏）的并不多。尽管当下有很多孩子只要有时间就拿着手机、玩着游戏，看似离不开手机，但是现象是这样，真相不是这样。

就现象解决现象往往不会有好的结果，我们应该想尽一切办法帮助父母从孩子的现象和行为上，去探寻背后的原因：原因才是真正的问题，造成原因的因素是真相；真相解决了，原因就没有了；原因没有了，行为就没有了；行为没有了，现象就消失了。

通过孩子爱玩手机（网络游戏）的现象，我发现了完全不同的四类孩子：

有些孩子真的是在玩手机（网络游戏）；

有些孩子是恋手机（网络游戏）；

有些孩子是手机（网络游戏）成瘾；

有些孩子是迷手机（网络游戏）。

我根据孩子的问题呈现出的现象：玩手机、恋手机、手机成瘾、迷手机，把爱玩手机的孩子分成了四种类型（见图5-1）。

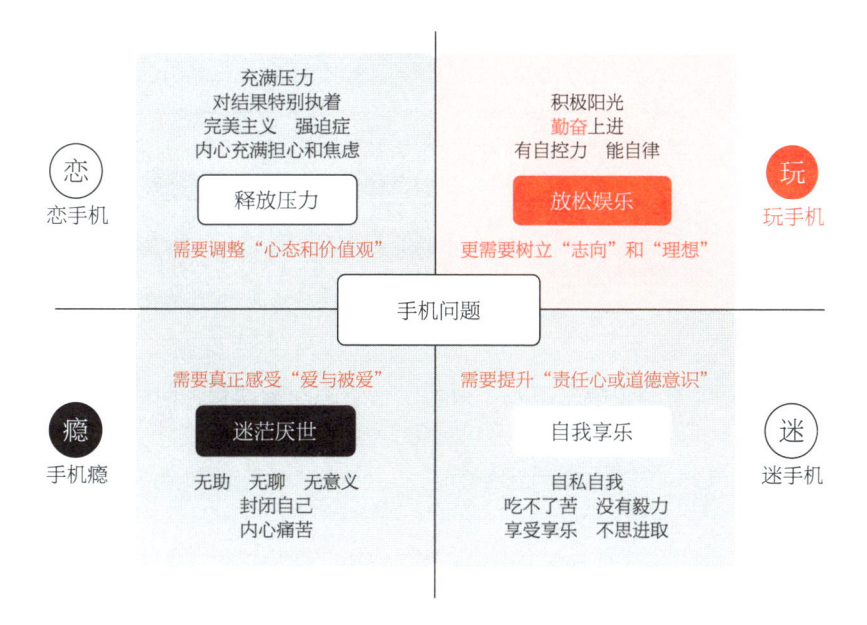

	充满压力 对结果特别执着 完美主义　强迫症 内心充满担心和焦虑	积极阳光 勤奋上进 有自控力　能自律	
恋 恋手机	释放压力	放松娱乐	玩 玩手机
	需要调整"心态和价值观"	更需要树立"志向"和"理想"	
	手机问题		
	需要真正感受"爱与被爱"	需要提升"责任心或道德意识"	
瘾 手机瘾	迷茫厌世	自我享乐	迷 迷手机
	无助　无聊　无意义 封闭自己 内心痛苦	自私自我 吃不了苦　没有毅力 享受享乐　不思进取	

图5-1　四类手机问题的真相

第一类：玩——放松娱乐型

现象：

这类孩子真的是在"玩手机"，而且一定不会沉迷。孩子学习累的时候，辛苦之余听听音乐，或者玩点游戏，放松一下；现在手机上的功能很强大，他们可以用手机学习，查到很多的资料，可以使用很多的工具。我的女儿告诉我，她用手机是在刷各种各样的教程，尤其画画、学笛子，都是在手机 App 的教程里跟人学的。

真相：

这类孩子积极阳光，努力上进，有自控力，能自律，他们玩手机纯粹是为了放松和娱乐。

误区：

这类孩子，如果父母盯着他们玩手机的问题，不相信他们，担心他们，反而会让他们没了自控和自律。因为孩子有叛逆心理，你越不相信他，他就越叛逆；你越不相信他，他就越往坏的方向做。

方向：

这类孩子需要树立志向和理想，有了志向和理想，他们会好得不得了！

第二类：恋——释放压力型

现象：

这类孩子是"恋手机"。当周围的环境没有办法让自己排解压力时，很多孩子会通过玩手机来排解压力，抱着手机不放。

真相：

这类孩子压力很大，对结果特别执着，追求完美或有强迫症，他们的内心往往充满了担心和焦虑。

误区：

这类孩子，父母如果强硬地管控，会让他们的压力无处释放，就有可能变得情绪化，甚至会崩溃，出大问题。

方向：

这类孩子本质上是心态和价值观出了问题。调整好"心态"和"价值观"，慢慢他们就不"恋手机"了。需要说明的是：这里所说的价值观出了问题，不是说孩子有不良问题，而是指他们形成了以结果为导向的功利主义的价值观。

第三类：瘾——迷茫厌世型

现象：

这类孩子是"手机成瘾"了，他们没有真正交心的朋友，可能也不上学了，每天黑白颠倒，活得很痛苦。

真相：

这类孩子通常无助、无聊，觉得活着没有意义，封闭自己，甚至有自残倾向。这类孩子手机成瘾的背后是内在的迷茫和厌世，他们玩手机是在救自己的命。

误区：

如果父母把这类孩子的手机剥夺了，他们可能会做出更加恶劣的行为，例如：砸东西、不断闹腾，甚至自残。如果不这样做，他们可能活不下去。

方向：

这类孩子，如果就问题解决问题，可能会要了孩子的命，他们需要解决爱与被爱的问题。当他们感受到了爱与被爱，感受到这个世界是有意义、有阳光的，他们也就不再沉迷于手机了。

第四类：迷——自我享乐型

现象：

这类孩子是"迷手机"。他们该睡觉时睡觉，该吃饭时吃饭，该玩的时候去玩，找开心找刺激，没事了拿着手机玩，他们不痛苦，也不会伤害自己。

真相：

这类孩子自私、自我，吃不了苦，没有毅力，享受享乐，不思进取。

误区：

这类孩子的父母盯着手机问题也没用，孩子该玩玩，该吃吃，该睡睡，父母拿他们毫无办法。

方向：

这类孩子需要提升责任心和道德意识，有责任心、有道德意识，他们也就不迷手机了。

面对这四种类型的孩子，如果父母只是从现象入手，非但解决不了孩子玩手机的问题，还极有可能把孩子从第一类变成第二类，把第二类变成第三类，螺旋式下滑。

父母花了大量的时间和孩子斗智斗勇，就是想让孩子发生改变，

第五章　父母要打破"只想办法，不找原因"的思维惯性

不玩手机。那让父母头疼的手机问题，真的是手机问题吗？

父母是不是从未想过，手机问题的背后，是一个孩子的人格、人性、内在素养出了问题？而这些问题背后的原因与真相，父母了解过吗？

如果没有，为什么没有？

这一切都缘于父母陷入了一个怪圈模式。

二、怪圈模式是怎样形成的

父母看到孩子的问题，通常第一反应就是想"怎么办"。我遇到过很多父母一开口就问：郑老师，我的孩子爱玩手机怎么办？我的孩子不好好写作业怎么办？……

我以孩子不好好写作业问题为例，请父母请看一看，你们是不是这样的？一开始，孩子是不好好写作业的问题，父母努力解决，慢慢地，变成了孩子学习成绩差的问题，父母就不再解决不好好写作业的问题了，转而去解决孩子学习成绩差的问题；然后，孩子学习成绩差的问题变成了厌学的问题，父母不再解决孩子学习成绩差的问题了，去解决孩子厌学问题了；最后，不再解决孩子厌学的问题，而是解决孩子不上学的问题……孩子不上学了，父母可能又开始担心他黑白颠倒、作息混乱导致的健康问题了……

父母还未解决最初的孩子不好好写作业的问题，就有个更大的问题（学习成绩差）代替了这个问题（不好好写作业），父母于是把最初的问题扔掉，把更大的问题放进自己的视野中。

第五章 父母要打破"只想办法，不找原因"的思维惯性

父母用这样的思维惯性在事情层面上可能解决了很多问题，但只要是人的问题，是情感的问题，只想"怎么办"是解决不好的，还可能产生更大的问题。问题越多、越大，变成新的问题，父母继续想怎么办，怎么解决，之前的小问题就被放在一边了。

那最后问题解决了吗？没有。反而从一开始的问题很小，一步步变成了问题越解决越多，问题越解决越大（见图5-2）。

不知道"为什么"，只想"怎么办"，努力都是徒劳！

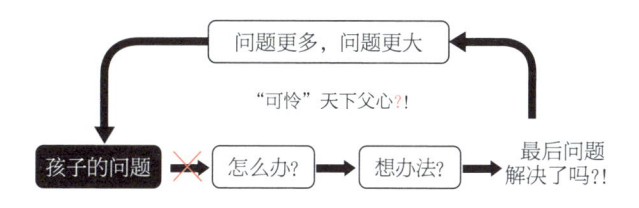

```
           ┌──── 问题更多，问题更大 ────┐
           │                              │
           │      "可怜"天下父心?!         │
           ↓                              │
       孩子的问题 ─✗─ 怎么办? ──→ 想办法? ──→ 最后问题
                                           解决了吗?!
```

图 5-2 父母不想"为什么"只想"怎么办"的恶果

作业问题真的不是作业的问题，其背后的原因和真相有很多种。

"可怜天下父母心"这句话，如果是孩子说出来的，那孩子一定会越来越好。如果是出自父母的感慨，只能说明父母在自怨自艾，不仅于事无补，"问题"还有可能在父母的担心、焦虑、自责的情绪下往更坏的方向发展。

不知道"为什么"，只想"怎么办"，努力往往是徒劳！因为父母并没有找到真正的原因，天天就只想解决问题的办法，在现象中迷失，却忽视了真相，在怪圈中循环着。

既然是怪圈，为什么父母会一次次陷入却无法自拔？

简言之，原因有二：

一是以结果为导向的功利心的驱使，急于求"果"，就会总想"怎么办"，却静不下心来想想"为什么"。

二是想"怎么办"简单，拍个脑袋就行。想"为什么"是一个需要用心不断去探索的过程。

再次强调，父母看似在努力解决问题，实际是想通过解决孩子的问题让自己内心舒服而已！更确切地说，父母并没有真正去面对自己在家庭教育上的缺失，却选择了用解决孩子问题的方式在逃避。

那么，父母如何做才能打破这个怪圈呢？

三、如何打破怪圈模式

我们先来看一个真实的学员案例。

案例

> 我有一位学员是位妈妈,家里有一个10岁男孩,他爱发脾气。每次发完脾气,他就爱和妈妈理论,理论的目的就是要妈妈承认是她的原因造成他发脾气的,他没有错,是妈妈错了。
>
> 一开始,这位妈妈跟他理论,后来,妈妈为了息事宁人,就违心地说自己错了。可是,因为妈妈没有发自内心地觉得是自己错了,他会继续纠缠不休,甚至折腾一两个小时。
>
> 妈妈开始就觉得是孩子脾气不好,还无理取闹,内心很焦虑:孩子这样下去,未来人际关系不好,怎么办?
>
> 妈妈经过学习,开始在和孩子的碰撞中一次次去思考孩子

为什么会这样。慢慢地,有一天,她看见了真相。

那天,孩子又一次纠缠不休时,妈妈对孩子说了一句:"儿子,妈妈没有生气。"

就这一句,孩子瞬间从炸毛的狮子变成了一只温顺的小猫。孩子说:"哦,你没生气啊。"

妈妈问:"你是不是特别怕妈妈生气?"

孩子说:"是啊,从小到大,我就怕我做了错事,你生气。"

妈妈说:"孩子,妈妈过去生气给你留下了阴影,妈妈现在改变了,开心了好多。以后妈妈如果有情绪会自我调整,实在不行,就去找专业人士指导我,你不用再害怕了。"

孩子说:"好。"

这次对话之后,孩子发脾气的次数越来越少了。

为什么呢?因为这位妈妈的着眼点不再是"孩子发脾气了,我该怎么办?"而是"孩子为什么会发脾气?"原来孩子是怕自己做错了事惹妈妈生气,因为面对不了这个"怕",只能用发脾气的方式一次次地提醒妈妈,直到妈妈看到了他为什么发脾气。妈妈看到了真相,孩子发脾气的次数也就随之越来越少了。

打破怪圈的起点就是去找原因:要想"为什么"。从这个关键点起步,父母就不会在怪圈中循环,而是开辟了新的路径,我把这个路径总结成了"12345"(见图5-3)。

第五章 父母要打破"只想办法,不找原因"的思维惯性

```
              解决问题
                ↑
           5. 四动原则
        关系好了,什么话都好说
                ↑
           4. 给到了吗?
         孩子喜欢、信任我吗?
                ↑
           如果我没有呢?
             3. 我有吗?
            我直面自己吗?
                ↑
             2. 缺什么?
            我理解孩子吗?
                ↑
             1. 为什么?
            我是好父母吗?
```

图 5-3 打破"用脑不用心"的怪圈

1. 为什么?

2. 缺什么?

3. 我有吗?

4. 给到了吗?

5. "四动"原则。

具体如下:

起点:找原因,先停掉"怎么办"的思维模式,不要想"怎么办",去想"为什么"。这可不是拍拍脑子就能找到的,而是需要有系统的理论知识的支撑。

然后，沿着"12345"的路径一步步踏踏实实地走，我们用上面的真实案例来做解读。

1. 为什么？（我是好父母吗？我了解孩子吗？）

回到"为什么"，父母就开始去慢慢了解原因。父母了解了原因，才能看到真相。

【孩子怕妈妈生气，所以用向妈妈发脾气的方式呈现出来。】

2. 缺什么？（我理解孩子吗？）

父母看到真相之后，才能够知道孩子所缺的是什么。

【孩子缺了勇气，如果孩子有勇气，就不会害怕，就不会用发脾气的方式来体现。】

3. 我有吗？（我直面自己吗？如果我没有呢？）

父母在给孩子提供帮助之前，得确定自己有没有能力。父母如果有能力，就能给孩子提供帮助；如果父母没有这个能力，也不可怕，找有能力的人帮助就好了。

【妈妈提升自己自我调整情绪的能力，如果还不行，就去找专业人士求助。】

4. 给到了吗？（孩子喜欢、信任我吗？）

父母有孩子所需的东西，就自己给孩子；父母没有孩子所需的东西，可以把能提供孩子所需东西的人带到孩子身边，也可以把孩子送到对方身边。当父母有或者父母找来的人能够给孩子提供帮助，孩子接受了帮助，就是给到了。

第五章 父母要打破"只想办法,不找原因"的思维惯性

【妈妈通过系统学习和成长,自己情绪稳定,让孩子心安,不害怕。又或妈妈在专业人士指导下,把勇气传递给孩子。】

5."四动"原则。(关系好了,什么话都好说。)

怎么才能给孩子真正需要的东西?"四动"原则很重要。"四动"就是感动打动、行动带动。

【妈妈不再用生气的方式面对孩子,孩子也就学会了不用发脾气的方式面对妈妈。】

父母从"找原因"的起点开始,通过以上"12345"的路径,自然而然地就解决了孩子的所谓问题,整个过程中,用心是关键,父母回到自身是关键。

前文提到的让父母头疼的手机问题,可以用同样的路径去应对。孩子沉迷手机,父母对照孩子的四种状态,知道他缺什么,给予他缺的东西,他不就不沉迷于手机了吗?如果孩子沉迷于手机,父母只是不断地要求孩子放下手机,他就能不再沉迷于手机了吗?

同理,我们的父母不能只会:

孩子没礼貌,要求孩子有礼貌;

孩子不好好学习,要求孩子好好学习;

孩子不能按时起床,要求孩子按时起床;

孩子没有时间观念,要求孩子有时间观念;

孩子没有责任心,要求孩子有责任心;

…………

如果父母一提出要求，孩子就能靠自己的能力改变，这个世界早就没有任何问题了。

父母这样的行为就相当于明知道一个人没钱，却要求他给提供钱一样。其实让这个人有钱有两个办法：一是你给他点钱，二是你教给他挣钱的方法。

所以：

如果孩子没有自信，父母应该给他自信，而不是要求他自信；

如果孩子没有礼貌，父母应该给他礼貌，而不是要求他有礼貌；

…………

"要求"是自私的，"给予"是无私的；了解别人缺什么，给予别人所缺，这叫"爱"。

"为什么"是了解，"缺什么"是理解，"给予他"是爱。

沿着这条路径，走向"四动"：感动打动别人，别人会喜欢你、信任你；行动带动别人，别人会敬你、服你，整个过程就是去了解、去理解、去爱。

家本该是一个有爱的地方，而不是充满要求、评判的地方。

爱，才是化解一切问题的良药。父母爱对了，怪圈打破了，所有的问题都迎刃而解了。

最后，我把《去给予 去相信》分享给大家。回归爱，就回归了家庭教育的本质。

第五章　父母要打破"只想办法，不找原因"的思维惯性

去给予　去相信

这个世界上
一切美好都不会依附于要
越要越没有
越给予越拥有

这个世界上
一切负能量都来源于怕
越怕越痛苦
越痛苦越害怕

要和怕是痛苦的根源
爱和信是幸福的源泉

要是索取，爱是给予
怕是恐惧，信是无畏
要很冷漠，爱很温暖
怕很脆弱，信有力量

走进温暖而有力量的人群和环境
感受爱的温暖和信的力量

用爱融化欲望（要）
用信战胜恐惧（怕）
成为温暖而有力量的人
给予别人温暖和力量

要和怕是一对孪生兄弟
因为"要"，所以"怕"
想要，就会怕要不到
要到了，就会怕失去

因为"怕"，所以"要"
怕死就要活，怕黑就要光
本就活着，缘何怕死
本在光里，缘何怕黑

原来，不要了，就不怕了
原来，不怕了，就不要了

战胜"要"，不是"不要"
努力不要还是要

会爱才是真爱

"不要"要就是努力要"不要"
到头还是努力要

怎么才能真不要
学会给
真给了就真不要了

要是自我，是自私，是贪婪
给是无我，是无私，是奉献

想得到什么
就先给予对方什么
给得出，还会想要吗

想要的，一定是你没有的
想得到美好
就先给予美好
能给得出美好本就美好
还有必要要美好

努力不怕更害怕
"不要"怕就是努力要"不怕"
到头越来越可怕

怎样才能真不怕
去相信
真信了就真不怕了

怕会伪装，会逃避，会自我
信是真实，是直面，是奉献
怕什么就面对什么
面对了也就不怕了

真实不伪装，怕真实所以伪装
直面不逃避，怕直面所以逃避
奉献不自我，怕奉献所以自我
传递不孤岛，怕传递所以孤岛

爱和信是硬币的正反两面
爱是给予，信是勇气
它们让我们
温暖而有力量
奉献而无所畏惧

第五章　父母要打破"只想办法，不找原因"的思维惯性

大家回看本章章首页的图，可以想想，遇到涉及孩子的问题，我们是向右走？还是向左走？

向右：

天天想办法，没有找到真正的原因的父母，这么多年只干了三件事：自欺、欺人、被人欺。有多少人在黑色的怪圈里"自欺"，认为这样做就能让孩子、让家庭变得越来越好；因为自欺，所以天天要求孩子，却很少给予孩子内心想要的精神富足，这叫"欺人"；突然有一天孩子不理他们了，开始横眉冷对的时候，他们才发现自己"被人欺"了。

很多人这一生就活在"自欺、欺人、被人欺"中。所以请记住：不知道"为什么"，只想"怎么办"，努力都是徒劳。

向左：

父母去打破"只想办法，不找原因"的黑色怪圈，走向"了解，理解，开始爱"的红圈，在"感动打动"中爱与被爱，在"行动带动"中有责任心、有德行。

综上，真相是什么？

真相只是一条路而已，所以真相是要"行"的：真相只是一条路而已，走上这条路就好了。

真相不需要想，需要走，走出来的路叫道：走上正确的道路就在道上了，在道上问题自然就迎刃而解了。

会爱才是真爱

不是父母不爱,是父母不会爱:打破"只想办法,不找原因"的思维惯性,走上正确的道路!

否则,父母只是在"真的爱"孩子,但是没有"真爱"到孩子。

第六章

真的爱≠真爱：
会爱才是真爱

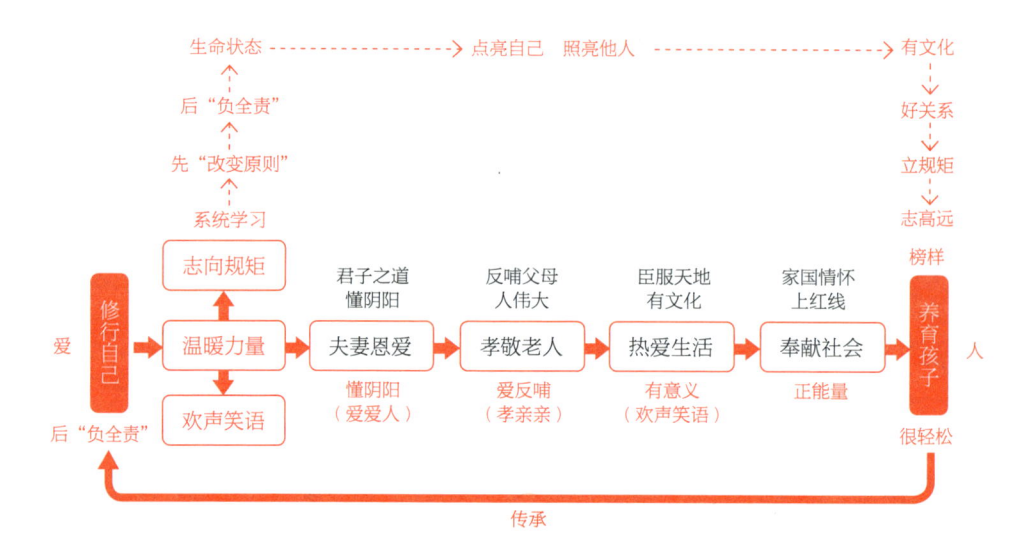

```
                生命状态 ------------→ 点亮自己  照亮他人 ------------→ 有文化
                   ↕                                                    ↕
                后"负全责"                                              好关系
                   ↕                                                    ↕
              先"改变原则"                                              立规矩
                   ↕                                                    ↕
                系统学习                                                志高远

                ┌────────┐                                              榜样
                │ 志向规矩│
     ┌──┐       └────────┘   君子之道    反哺父母    臣服天地    家国情怀     ┌──┐
     │修│       ┌────────┐   懂阴阳     人伟大     有文化     上红线       │养│
     │行│       │ 温暖力量│   ┌────┐   ┌────┐    ┌────┐    ┌────┐       │育│
  爱 │自│──────→│        │──→│夫妻│──→│孝敬│───→│热爱│───→│奉献│──────→│孩│ 人
     │己│       └────────┘   │恩爱│   │老人│    │生活│    │社会│       │子│
     └──┘       ┌────────┐   └────┘   └────┘    └────┘    └────┘       └──┘
                │ 欢声笑语│   懂阴阳    爱反哺     有意义     正能量
                └────────┘  （爱爱人）（孝亲亲） （欢声笑语）
      爱
   后"负全责"                                                          很轻松
     ↑                                                                    │
     └────────────────────────────── 传承 ──────────────────────────────────┘
```

第六章 真的爱≠真爱：会爱才是真爱

在第五章，我们通过学员的真实案例，阐述了人们只有打破"只想办法，不找原因"的思维惯性，才能走上正确的道路的道理，我们也一次次地感受到不是父母不爱孩子，而是父母不会爱孩子。天下哪位父母不是发自内心地真的爱孩子呢，为什么孩子却说没有感受到父母的真爱？那么"真的爱"和"真爱"差别何在？

一、真的爱 ≠ 真爱

我在 2022 年出版的《父母爱对了，孩子才优秀》这本书中，开篇就提到了"真爱和真的爱"，这也是我在线上和线下的课堂中给父母们讲解的非常重要的知识点。

通常，我都会从以下问题开始，请大家闭上眼睛问问自己，并写下答案。

问：我爱孩子吗？

答：
_____

问：我爱孩子吗？真的爱吗？真的爱吗？真的爱吗？

答：
_____

第六章 真的爱≠真爱：会爱才是真爱

写下自己的答案后，请好好思考我下面的话：

我从未怀疑，父母真的爱自己的孩子；但是我想质疑，父母是否给予了孩子真爱。

当父母全力以赴地对孩子好，孩子却并未发自内心地信父母、服父母、爱父母、敬父母的时候，父母就需要用心去反思：我的爱是不是出了问题？我是爱他，还是在为他好？我喜欢我的孩子吗？我信任我的孩子吗？没有父母对孩子的喜欢和信任，爱，从何谈起？这样的爱会让孩子感觉不舒服，甚至沉重。

很多父母，不缺"真的爱"，缺的是爱的智慧和爱的水平。不是"真的爱"出了问题，而是"真爱"出了问题。

很多学员都听我用过这样的比喻：

努力的父母，"真的爱"孩子的父母，就如一位用心的医生，一心想为病人好。

智慧的父母，拥有"真爱"的父母，医术精湛，可以药到病除，妙手回春。

用心的医生，如果没有精湛的医术，我们可以想见他面对病人时的场景：

医生说："你这个病很严重，得赶快做手术，不然有问题。"然后，你准备做手术的时候，医生慈眉善目地对你说："我给你动手术，我会很用心对你；我很爱你，我可以不收你的钱，我还可以贴钱给你；等你做完手术，我免费陪着你，照顾你，我是一个特别好

会爱才是真爱

的医生。"

但是这位医生说完这些让你感动的话后,他又告诉你:"我不会做手术,但是我会特别努力做。我不会开刀,但是你放心,我会全力以赴。"

你是什么反应?你肯定说:"不,我不让你做了。"他说:"不行,我爱你,我真的很爱你,你就让我做吧。"他把你"摁"在那里给你做手术,你会怎样?会不会觉得很可怕,想反抗,想赶紧逃跑?

这就是"真的爱"。一个特别用心的医生,一个发自内心爱病人的医生,甚至对病人好到花时间、花精力、花金钱,但是他没有医术。

孩子出生后,父母发自内心爱着他,花时间、花精力、花金钱,但是父母的手术刀并没有切向该切的地方,他们乱给孩子开刀和治病,孩子伤痕累累,他们不仅不包扎,还往上撒盐;撒完盐以后,伤口愈合了,父母再开刀。因为父母说:"我真的爱你,我都是为你好。"

如果是医生和病人的关系,病人还能换医生、换医院,可孩子不能换父母,只能接受。

刚开始,孩子还会被父母的这份心感动,可是随着年龄的增长,他会越发痛苦,他就只能做出父母不认同的各种行为。最后,父母可能会跟孩子说:"我怎么生了你这样的东西!"孩子会说:"谁叫你把我生下来的,你生我时,问过我了吗?"

第六章 真的爱≠真爱：会爱才是真爱

没有医术的医生，执着地、全力以赴地给病人做手术，可怕不可怕？

真的爱孩子的父母，缺乏爱的智慧和水平，却执着地去用自己认为对的方式去爱，孩子会怎样？

真的爱不等于真爱。

我曾经发表过一篇文章，是一位学员描写与儿子的对话互动。题目叫《妈妈，你根本不懂我》，里面描述的场景都是家庭日常亲子互动，却很值得父母们反思。

案例

前天晚上带儿子坐地铁回家，到站时儿子把随身带的VR头显（虚拟现实头戴式显示设备）落在位置上，出站时才发现。我就借机训了他一顿，说他丢三落四，儿子一直都没说话。晚上睡觉前，我问他："是不是今天被我训了，不开心了？"他反问我："妈妈，你想要一个很乖、很听话、学习成绩很好，但不爱动、也不爱运动、目光总是呆滞的儿子；还是想要一个总是很调皮，很爱运动，偶尔也很可爱，喜欢帮助人，学习成绩一般的儿子？"我回答说那第二个吧！

儿子说："可你根本不懂这样的儿子。今天我丢了VR，当时我已经很伤心、很难过了，你不但没安慰我，还批评指责我，让我更加伤心和难过。今天你来接我时，看到我数学作业还没做，你就大声骂我，你都不知道我今天没有做作业的原因。我是因为做科学实验，实验太难了，我做了一天，所以才没有时间做数学作业的。你没了解原因，一直在骂我，我也很难过！我当时在心里对自己讲：不跟你计较。

"你都不知道，每天晚上我跟你睡觉，压力有多大，有时候我睡不着，很晚了还没睡，你就会大声骂我。如果你睡着了，我吵醒你，你会更大声地骂我，所以我睡觉压力很大，动都不敢动。这两天我跟爸爸睡一点压力也没有，我睡不着，爸爸从来不会骂我，还会跟我聊天，他睡着了，我叫醒他，他也不会生气，还会跟我聊天。"

特别感谢儿子这么真实地跟我对话，让我知道了，原来我自己不以为意，甚至认为对孩子好的一些行为，却在默默地伤害着孩子。

【这位妈妈的"不以为意，甚至认为对孩子好的行为"，很多父母是不是似曾相识？真是应了这句：不会爱还努力爱，带给孩子的往往是伤害，甚至是虐待。】

我代替孩子问一问我自己：

"妈妈，你爱的是我，还是爱那个不丢 VR、按着你的期待完成数学作业、能够说睡就睡着的孩子？

第六章 真的爱≠真爱：会爱才是真爱

"妈妈，丢 VR 时，你可能都不知道我比你还难过，我感受到的是你的情绪，没有感受到你的爱！

"妈妈，知道我没写完数学作业，你的脑海肯定闪过很多的害怕，怕我写不完，怕我写不好，怕我写得慢，怕我养成不好的学习习惯……那么多的'怕'冒出来，我感受到的是你的恐惧，没有感受到你的爱！

"妈妈，谁都想甜美地进入梦乡，那是多么舒心的事。而我，白天已经在承受着你诸多负能量，晚上睡觉还要面对你的负能量。这样的环境下，我怎么能安心地睡着？带着压力睡觉，怎么能睡得舒心？睡觉是为了让我身体好，有压力的睡觉，我的身体又怎么会好？我感受到的是你的要求，没有感受到你的爱！

"妈妈，我知道你'真的爱'我，却不懂我，我被这种带着恐惧和索取的爱包裹着，几乎喘不过气来，我一点都没感受到幸福！妈妈，你如果真的爱我，请为我学会真爱吧！"

【"妈妈，你如果真的爱我，请为我学会真爱吧"，这其实是每一位父母的成长方向。】

当父母"真的爱"而没有让孩子感受到"真爱"时，那是"真的要"，要孩子好；那是"真的怕"，怕孩子不好。孩子要么缺爱，要么被溺爱。

"真的要"会"缺爱"，因为这种爱是有条件的：

会爱才是真爱

> 我爱你，你要考好大学
>
> 我爱你，你要有出息
>
> 我爱你，你要孝顺我
>
> 我对你好，你要对我好

这是不是交换？父母爱孩子的条件，是孩子必须满足父母的"要求"。孩子越长大，他越体会到："你并不爱我，你爱的是我努力的结果"；"如果我达不到你的要求，你不会爱我"。

"真的怕"会"溺爱"，因为这种爱是无原则的：

父母怕孩子做不好，就会包办孩子；父母害怕，就不敢坚持原则；父母害怕自己坚持原则的时候那些不好的结果会出现，因此也就失去了原则。

综上，"真的爱"里没有真爱，孩子要么缺爱，要么被溺爱。

父母"真爱"孩子时，是全然地爱孩子、信孩子，父母内心充满温暖和力量，孩子感受到的也是温暖和力量。

"真爱"是无条件的，但一定是有原则和底线的。很多父母分不清楚无条件和有原则。如果父母特别想分清楚它们，那很有可能永远都分不清楚，因为无条件和有原则是"真爱"的两种表现形式，其实是一样的。当父母真正有爱了，也就不用分辨无条件和有原则了；当父母努力想分清楚无条件和有原则的时候，父母一定还没有真爱的能力。

第六章 真的爱≠真爱：会爱才是真爱

当父母拥有真爱的能力和智慧时，他们会既能做到有原则，又能做到无条件，同时还能做到有原则和无条件自由转换。这也是爱的最高境界的体现，也就是我们常说的"宽严有度"和"恩威并施"。

很多父母读到这里，也许就会开始想着如何做到无条件，如何做到有原则，如何做到两者的自由转换，其实这都是舍本逐末。教育不能本末倒置，父母如果想本末不倒置，需要想的是——我如何拥有"真爱"？我如何成为温暖而有力量的人？我自己有了真爱的水平，内心真正强大而有力量的时候，做到有原则，做到无条件，做到二者自由转换的能力也就顺理成章有了。

会爱才是真爱，真爱是需要"习学"的，习的前提就是系统地学。我这里用"习学"，是因为我认为学之后的"习"（练习、实操）十分重要。

会爱才是真爱

二、夫妻关系重于亲子关系

父母心目中最重要的人是谁

> 在你的家庭中，谁在你心目中是第一位的？
> （　）父母　　（　）孩子　　（　）爱人　　（　）自己

请各位父母先回答一个问题：在你的家庭中，谁在你心目中是第一位的？你需要真实地呈现你家庭的真实情况。

父母在选择时，一般有两种心理：

一种是实实在在的答案：我每天关注最多的是我的孩子，所以我选"孩子"。

一种是选我想要的标准答案，于是就有人不管自己家庭中的真实情况如何，选择了"爱人"。

其实我想跟各位父母说，真实很重要！

有些人出了家门，往往外表和内心不一样，但是进入家门之后，往往行为和内心比在家门之外要一致得多。

有些人从小到大，形成了一个非常重要的习惯，就是老师喜欢听什么，标准答案是什么，他们就去说什么，往往不会尊重自己的本心。

我把这个重要的问题反复提出来，并不是想要得到标准答案。

你给出的答案不重要，重要的是你每天回到家之后，把时间和精力花在谁身上的多，内心跟谁纠缠得比较多，比较重视谁？你把大量的时间、精力和金钱，甚至内心的一大块地方给了谁，那个人就是你心目中最重要的人。

想清楚之后，你再回答一遍这个问题，不要选择答案，想想你的生活，你大量的时间、精力和金钱都用在了谁身上，这个很重要！

孩子何德何能成为家庭的中心

在当代社会，父母对亲子关系，尤其对教育孩子往往已经重视得不能再重视了，而对夫妻关系反而不太重视。

那么：

这两个关系究竟应该怎么重视？

这两个关系之间的关系是什么？

这两个关系在整个家庭关系当中处在什么样的位置？二者是相互促进的吗？

会爱才是真爱

2009年的一天，我在浙江嘉兴的一个咖啡厅里面，看到了一句话，应该是客人手写的，我把它了拍下来，一直保存在我的电脑中，这句话叫"世界上所有的爱都是为了相聚，唯有父母对子女的爱是为了分离"。

当年我看到这句话还挺激动的，这么多年过去了，我想再次强调："世界上所有的爱都是为了相聚，唯有父母对子女的爱是为了分离"。

现在为什么有那么多的孩子爱跟父母折腾？说白了是他们的父母舍不得离开他们，这些孩子还是"婴儿"，吃不了苦，面对不了困难，遇事情绪化，跟父母伸手要钱的时候，脸不红心不跳的，长成了巨婴。这样的孩子实际上没有真正的成熟，这种情况是父母爱错了导致的。

我们作为父母爱孩子，是为了让孩子离开我们，他离开我们，带着我们的爱去成立他的家庭，然后他用这份爱来爱他的爱人，爱他的孩子。他也会爱我们，这就是孝。

如果父母把孩子放在第一位，可能会有四种不好的结果：

第一种，严重的恋子情结；

第二种，糟糕的婆媳关系；

第三种，失谐的家庭气氛；

第四种，恋父（母）情结。

如果你在家庭生活中有上述四种情况中的一种或者几种，你就

第六章 真的爱≠真爱：会爱才是真爱

要反思一下你是否在家庭生活中把孩子放在了第一位。

父母把孩子放在第一位，没有任何好处。

近年来，很多家庭围着孩子转。有的是父母围着孩子转，有的是爷爷奶奶姥姥姥爷加入进来一起围着孩子转（见图6-1）。

图 6-1 家庭围着孩子转

家庭是个系统，一个孩子何德何能成为家庭的中心？

当一个家庭围着孩子转的时候，孩子往往会出现两个特点：要么无德，要么无能。无德，是自私自利自我；无能，是战胜不了困难，情绪化，遇到事情就退缩。

父母围着工作转，围着孩子的爷爷奶奶转，较少围着孩子转，这种环境中成长的孩子无德的人少，无能的人也少，有责任心的人多。

如果父母把亲子关系放在第一位，孩子很有可能会成长为无德无能的人。

父母"习学"真爱，需要改变的最重要的一个观念就是：夫妻关系重于亲子关系；家庭伦理关系正常了，父母才能真爱到孩子。

家庭应该是以道德、伦理、规矩为中心，不应该把孩子当成中心。有些人家庭经济情况很好，但是孩子却出现了问题，甚至孩子难教育成了一个普遍性的问题。我想告诉这些家长：不是孩子难教育，而是我们的家庭出了问题，家庭没有文化，没有道德，没有伦理了。

夫妻关系重于亲子关系

夫妻关系重于亲子关系，这对中国的家庭教育，尤其对中国孩子的意义重大。这是因为，夫妻关系讲究阴阳，是中国文化的根。

《中庸》里说："君子之道，造端乎夫妇，及其至也，察乎天地。"意思是，君子的道，发端于普通男女的日常生活，在达到最高境界的时候，便彰著于天地之间。

一个人是否是优秀的人，是否是君子，从他的夫妻关系着眼。

父母是君子，更容易把孩子教育成君子。

《三字经》里说："五伦者，始夫妇。"五种人伦关系中最重要的关系，是夫妻关系。

如果把夫妻关系作为开始好好地去经营，经营好了，天地之间的道理都能明白，因为天地之间不就是阴阳的关系吗？

第六章 真的爱≠真爱：会爱才是真爱

我们活在阴阳道理当中，阴阳形成了生命：天是阳的，地是阴的；男是阳的，女是阴的；日升是阳的，日落是阴的。

夫妻关系重于亲子关系，是我们中国阴阳文化的根本。夫妻关系是阴阳最好的实践，一男一女本质不同，思想不同，感受不同，又没有血缘关系，两人在一起还要面对老人，面对孩子，面对工作。在面对这么多事情的背景下，两个人还能够亲密和甜蜜，本身就是一件艰难的事情。能做到这一点，说明夫妻双方都懂得阴阳之道。天地之间无外乎阴阳，懂得阴阳之道就可以察乎天地，什么事情都能解决，何况是教育孩子这么简单的事情。

父母可能不理解"教育孩子是特别简单的一件事情"。实际上，教育孩子的核心就在建立恩爱的夫妻关系上。

夫妻关系美满稳定是家庭幸福的基础。房子盖得好首先要有一个牢固的地基，而家庭的地基就是夫妻关系。因为夫妻是家庭收入的创造者，是家庭氛围的缔造者，是家庭正能量环境的营造者，也是爱的源泉。一旦夫妻关系这个地基不牢固，家庭就会出现很多的问题。

家庭不应该以孩子为中心，而应该以老人为中心，但是以老人为中心的前提是夫妻恩爱。

在个人修养方面，老人永远是排在第一位的。在家庭关系方面，爱人永远是排在第一位的。

老人辛苦一辈子了，给了我们生命，我们又把生命传递给了孩子。老人是家里的太阳，夫妻是家里的地球，孩子是家里的月亮，夫妻恩爱围着老人转，孩子就会围着夫妻转。图6-2中展示的就是中国人的规矩，这是反映当代中国家庭幸福与否，孩子优秀与否的一张核心图。

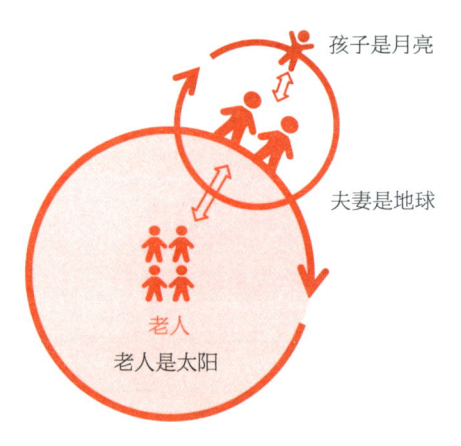

图 6-2　家庭应以老人为中心

当一个家庭不再围着孩子转的时候，孩子在不逾越底线的情况下是自由自在的，他的人生遵循了八个字：探寻真理，坚守正道。这不就是我们在第一章提出的"中国家庭教育的本质、方向和意义的八个字：永循真理，坚守正道"吗？

案例

在 2021 年 11 月的一期直播中，学员旭日东升连线提问。

旭日东升：我第一次听你的课，今天能够连线我很意外。

第六章 真的爱≠真爱：会爱才是真爱

我在上海工作，基本周末回家。我们家比较小，住的房子只有50平方米。在家里，一般老婆带孩子，我在旁边就感觉到有些地方她不对，我就想要插手。但是她觉得我可能影响她了，或者说认为我不相信她，觉得我一直在打断她，所以我们之间就会发生一些冲突。现在孩子学习、做其他事情的时候，会有拖拉、磨蹭的情况。

我：你问的问题特别好。我问你，在你认为妻子的教育方式错误的时候，你关注的是孩子还是爱人？

旭日东升：孩子。

我：夫妻关系重于亲子关系。所以当出现这种情况的时候，你不要关注妻子做对了还是做错了，而应该关注她一个人带孩子有多么辛苦。你只要记住这一点，你的妻子就会听你的意见，如果你做不到这一点，可能你们的矛盾会越来越大。

我再说一遍，不要关注妻子对孩子教育的对错，而是关注妻子的不容易和辛苦，这叫夫妻关系重于亲子关系。你要做的就是让妻子开心，理解她的不容易和辛苦。

男人在外面的工作再累再苦也不算多累多苦，因为我们做的事儿往往都是一类事儿，而女人做的都是琐事儿，看似没什么成果，其实每天忙忙叨叨的。男人如果体验做一两天女人，就会知道女人有多辛苦，多不容易。

我夫人带两个孩子，家里还有生病的老人，我夫人从早上6

点忙到晚上 10 点,甚至 11 点,唯一停歇的时候就是在沙发上躺着睡一会儿,尤其到了周末就更忙。

即便这样,她对我依然非常好,甚至不舍得让我干活。原因是什么?因为我让她安心,让她开心。我平时逗她开心,理解她的不容易,所以她虽然很忙碌,但总跟我说一句话:"老公你说得真对,我只是身体累,但是我心里很开心。"

所以我一直讲夫妻关系重于亲子关系。当你面对妻子,你认为她做错了的时候,你真的关心她的内心是否着急吗?

女人不怕累不怕苦,就想有人能够理解和了解她,希望男人看见她的辛苦。

你关注的是你的儿子,没有关注你的妻子。在你妻子这样说的时候,你马上把她抱在怀里说:"老婆你辛苦了,我突然感觉到你真不容易,这事儿交给我,我带孩子出去说一说,你在家休息一会儿,好不好?"

你得先关注人!夫妻本是同林鸟,遇到困难各自飞,为什么?因为平时这样的夫妻没有真正爱对方。

沙漠很难培养出参天大树,沙漠适合生长出仙人掌。现在的孩子很多都像仙人掌一样带着刺儿,为什么?因为夫妻不相爱,家里就像沙漠。孩子只有看到爸爸妈妈是相爱的,他的心才安。

我跟我夫人说得最多的一句话是:我们有两个女儿,咱俩

第六章　真的爱≠真爱：会爱才是真爱

只要永远相爱，让孩子感受到我们是特别相爱的，咱们家的女儿不用教。我是天你是地，我们俩给孩子组成的家就是一方天地。我要跟天学无私，老婆你要跟地学奉献，这就是阴阳。阳的要无私，阴的要奉献，咱俩相互理解，相互关爱，做到阴阳和合，我们就给孩子撑起了一片天地，孩子在一个有天有地的家庭当中，自然就会顶天立地！

所以，我觉得一会儿你就给你妻子打电话说："老婆，我今天听了一节课，我想跟你道歉。这么多年，我总感觉我有压力，我真的没有好好看到你的付出，我再累再苦，也没有你累和苦。"

女人会经历人间最大的疼痛——生孩子。女人要面对各种琐事，经常为了家，为了孩子，把自己放在最后一位。女人都是宝贝，没事你应该多打给她电话，多用心看见自己妻子的不易，她就会开心，她开心了，你的孩子自然就开心了。

爸爸送给孩子最好的礼物就是让他的妈妈开心，妈妈开心，孩子就好了。

我希望你能成为男士的榜样。

旭日东升：好的，我会加油的，谢谢郑老师。

夫妻相互理解，相互关爱，家就好了。
夫妻相爱，家里温暖有爱，孩子就会在一个有爱的环境中长大。

爱并不是简单的对孩子好，爱是给孩子撑起一片天地。

男人像天一样有原则、有方向，成为孩子的榜样；这样的男人，更值得女人爱。

女人像大地一样无私奉献，平和、有修养；对这样的女人，男人会不离不弃。

这样，孩子既学会了妈妈的奉献，又学会了爸爸的担当，人生有方向，脚踏实地，一定会成为优秀的人。

第六章 真的爱≠真爱：会爱才是真爱

三、幸福家庭六步走

父母要想家庭幸福，其实方法特别简单。让家庭幸福的途径如图 6-3 所示。

第一步：修行自己。

修行自己，让自己成为一个温暖而有力量的人。

第二步：做到温暖而有力量。

你想爱更多的人，你得先拥有爱，爱是温暖而有力量的。你做一切都是为了成为温暖而有力量的人，你心中有了爱和信，才能解决所有关系。

父母想成为温暖而有力量的人，就要做到以下几方面：

首先，要开心，能让家庭充满欢声笑语；

其次，要有志向和规矩。

最后，能把这一切传递给爱人和孩子。

第三步：夫妻恩爱。

夫妻不相爱，孩子没了爱的环境，相当于活在了荒漠里。

第四步：孝敬老人。

做到孝敬老人，人当然伟大。父母给了我们生命，这是最大的恩情，孝为德之本。

第五步：热爱生活。

我们应该开心快乐，生活不仅是吃喝玩乐，还应该享受文化的快乐。

第六步：奉献社会。

我们应该有家国情怀，应该有正能量。

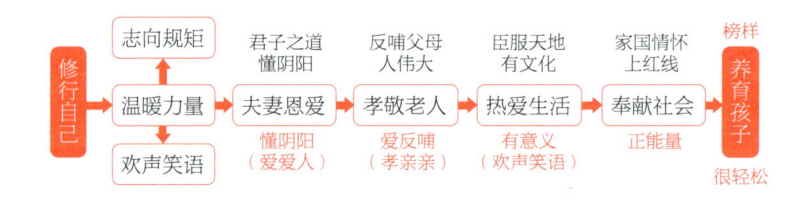

图 6-3　幸福家庭六步走

父母把这六步做到了，孩子不用教育自然就会好。

父母沿着幸福家庭的路径一步一步踏踏实实地走，就逐渐会爱了。

父母沿着这条路径走便会发现，修行自己成为一个温暖而有力量的人，就能：

爱到爱人并让爱人感受到爱，夫妻关系好；

夫妻关系好，孩子就生活在爱的环境中；孝敬老人，孩子懂得

第六章 真的爱≠真爱：会爱才是真爱

孝顺，更有责任心和道德感；

热爱生活，家里充满着欢声笑语，孩子就活得快乐；

奉献社会，你的生命就有意义。

孩子自然会懂得未来如何生活。

父母可以调整自己的生命状态，做到八个字：点亮自己，照亮他人。

点亮自己，是说你得让你的生命越来越发光，温暖而有力量。

照亮他人，是说这种温暖而有力量的感觉，能够传递给别人，能感动打动他，能用行动带动他。

点亮自己、照亮爱人不就是好的夫妻关系吗？

点亮自己、照亮父母不就是好的父母关系吗？

点亮自己、照亮孩子不就是好的亲子关系吗？

点亮自己、照亮更多人，你不就成了一个优秀而伟大的人吗？

养育孩子是最后一步。父母把前面六步做好了，养育孩子自然就做好了。

我们引导父母走的是一条没有终点的路，这条路有着光明的方向，我们向着光明大踏步地往前走。

会爱，改变观念，比想办法解决问题重要得多。

因此，我在这一章中反复强调：

真的爱≠真爱；

夫妻关系重于亲子关系。

会爱才是真爱

会爱，找到幸福的路径，比想办法解决问题重要得多。

会爱才是真爱，真爱需要"习学"。

我们掌握不了结果，但是我们知道怎么能达到好的结果。

然后，就是坚持。幸福的路上并不拥挤，只是坚持的人太少了。

最后，家庭教育只有做到才有效。《传习录》里说："知者行之始，行者知之成。"（认知是践行的开始，践行是认知的成果。）

第六章 真的爱≠真爱：会爱才是真爱

> **小 贴 士**

回归中国文化（跟孩子谈平等和尊重≠真爱）

提到教育孩子的问题，父母总会提到平等和尊重。

夫妻之间要平等和尊重，那父母跟孩子之间要不要平等和尊重？

其实，从伦理角度来讲，夫妻关系重于亲子关系，老人比孩子重要。

如果父母只尊重孩子，而孩子不遵守规则，自私自利，没有道德，只考虑自己感受，不想着爱别人，那父母为什么要尊重孩子？

当我的大女儿好好进入青春期的时候，我告诉她，她尊重法律、尊重道德、尊重爱的时候，我们可以做到相互尊重。

如果你不尊重法律，不尊重道德，不尊重爱，你想让我尊重你，那也不可能。所以：

如果你不尊重法律，我不会跟你说什么，我会直接让你承担后果。

如果你不尊重道德，我得考虑我有没有给你做榜样，我要是做了你的榜样，我就一定会收拾你。

尊重爱这件事我不能收拾你，我们只能共同探讨。

下面是我在女儿十二周岁生日时写给她的一封信（见图6-4）：

会爱才是真爱

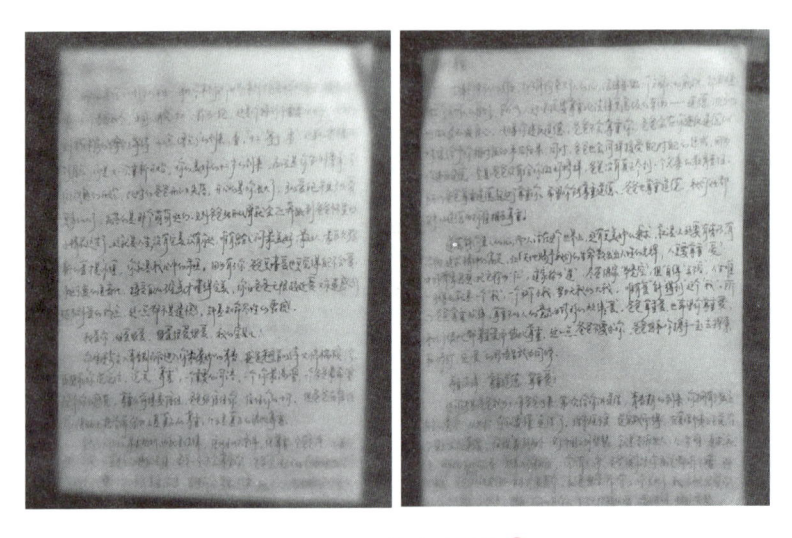

图 6-4　写给女儿的信①

孩子，爸爸想和你谈谈"尊重"——写给步入豆蔻年华的你

亲爱的"好"女儿：

此时，爸爸正在迎接你十二周岁的生日。谢谢你来到这个世界，来到爸爸妈妈身边，陪伴我们整整十二个春夏秋冬。中国人讲究"十二"，称为一轮，这是一个特别而重要的日子。

此刻，爸爸坐在书房的写字台前等待"十二点（零点）"的到来，看"十二"等于"零"。这里的"零"不是回到原点，而是又一次重新开始。你美好的十二岁的到来，应该是你告别童年、走向成熟的开始。

---

① 因涉及隐私，图片特意做模糊处理。——编者注

第六章 真的爱≠真爱：会爱才是真爱

此时的爸爸开心又失落。开心的是你长大了，可以爱自己并且可以爱更多的人了；失落的是那个萌萌的，见到爸爸就会张开双臂飞奔跳到爸爸怀里的小精灵远去了。这就是人生！没有完美，没有永远，唯有留在心间最美好、最动人、最历久弥新的爱才是永恒。

你就是我心中的永恒，因为有了你，爸爸更懂爱也更觉得自己不会爱。永远不变的是变化，接受自己的不完美才懂得完美，你的爸爸无限接近爱又感到永远达不到爱的终点，这一点不是遗憾，却是"知命尽性"的震撼。

我爱你，很爱很爱，很爱很爱很爱，我的宝贝儿！

你将逐步走入青春期，而后进入你最曼妙的青春。爸爸翘首以待又惴惴不安，今夜想和你说说话。说说"尊重"——一个重要的词语；一种你最渴望、爸爸最希望给予你的感觉。尊重的前提是信任，爸爸很信任你，信任你的一切，但爸爸在信任你的基础上想告诉你什么是真正的尊重，什么是真正的彼此尊重。

首先，人必须尊重规则，也就是法律。信任可以无条件，但是尊重一定有条件。如果你违反了法律，尤其是主动违反法律，爸爸一定不会尊重你，爸爸会主动让你承担相应后果并严惩不贷。所以，爸爸尊重法律，希望你尊重法律，我们父女都能尊重法律而彼此尊重！

法律约束了人的行为，却约束不了人的心。法律是做一个文明人的底线，却并不是做一个文明人的原则。所以，人还必须尊重比法律更高级的东西——道德，也可以叫作良知或良心。如果你违反道德，爸爸不会尊重你，爸爸会在你违反道德的时候，让你承担相应的严厉后果，同时，爸爸同样会接受对自己的惩戒。因为你违反道德，一定是爸爸没有给你做好榜样，爸爸没有真正尽到一个父亲的教育责任，所以，爸爸尊重道德超过尊重你。希望你能尊重道德，爸爸也尊重道德，我们父女都能以道德为标准相互尊重！

　　道德能约束人的心，而人活在这个世界上，还有更美妙的追求，就是人还要有情怀，有志向，追求精神的富足，让天地赐予我们的生命散发出人性的光辉，人更要尊重"爱"。中国儒家思想把"爱"称为"仁"，道家称之为"道"，尽管佛家有"毕竟空"，但"自得"并不"空"，人生唯一可得的就是一个"我"，一个放下小我、努力无我的大我。唯有"爱"能"得到"这个"我"。所以，爸爸尊重规律，尊重不以人的意志为转移的规律——"爱"。爸爸尊重爱，也希望你尊重爱，我们彼此都尊重爱而彼此尊重。这一点爸爸不要求你，爸爸想和你携手一起去探索和修行，在爱的环境里成为同修。

　　尊重法律，尊重道德，尊重爱！

　　这可能是爸爸成为爸爸这十二年以来，第一次给你讲道理。青春期的到来，让你拥有了独立自主的意识，从此以后，你就要懂"道理"了。理永恒不变，道实践而得，在真理中走上正道，在正道上发现真理。"道理"是阴阳合一的中国文明智慧，就是告诉世人：人一生唯一的追求就是"明明白白地活着，活得明明白白"。

第六章 真的爱≠真爱：会爱才是真爱

你只有十二岁，爸爸的很多话，你应该都听不懂，那不重要，爸爸第一次用讲"大"道理的方式来爱你，就是想告诉你：你长大了，我依然很爱你！方式方法不同了，心依然……

你可以用你的一生去无限接近爱，接近光明，接近智慧。

爱你的爸爸

2020 年 5 月 18 日 24:00（19 日 00:00）

最后，我想再明确一下：随着全球化发展，中西方文化的冲突不可避免，那我们到底是用中方的文化生活，还是用西方的文化生活？事实上，我们一定要皈依一种文化并尊重另外一种文化，这样人生会非常美妙。

修行自己就是不断地成长自己，让自己有修养和修为。

修行自己有两个方面：一要有理想和志向，二要有家庭的幸福，家里充满欢声笑语。

一个有修养的女人和一个有修为的男人，俩人在一起就会创造出欢声笑语的家庭氛围，这会让家庭有理想和方向。

夫妻恩爱是检验标准，夫妻恩爱是为了孝敬老人，然后带领自己和家人热爱生活，奉献社会。

这些事做好了，再做教育孩子的事儿。养育孩子就是让他成为一个优秀的人。孩子有了理想志向，开心快乐，有修为，有修养，

会爱才是真爱

就是优秀的人。

试想：一对夫妻，女人有修养，男人有修为，夫妻相爱，孝敬老人，热爱生活，奉献社会，孩子还需要刻意教吗？

这就是文化的力量。文化，能让我们的人生走上幸福，能让我们的孩子安心、开心、幸福，并且让文化继续传承。

第七章

真爱如何"习学"

从今天起,我将不再解决家庭和孩子的问题

我要通过"习学"和修行

让自己拥有一双发现生活之美和生命之美的眼睛

让自己成为一个温暖而有力量的正能量的人

让我的家欢声笑语、情感流动起来

我要通过"四动"的真爱原则

让我的家人喜欢我、信我、服我、敬我、爱我

慢慢地,我们就会相互信着,相互爱着

我们就会幸福而美好地生活着

第七章　真爱如何"习学"

在第六章中，我们不断强调"会爱才是真爱，真爱需要'习学'"。比如我提到的直播时的案例，就是在引导连线的网友"旭日东升"不要关注妻子教育孩子的对错，而要关注妻子的不容易。他通过我的直播引导，首先学到了关键点：夫妻关系重于亲子关系。他"学"转变观念，必须去"习"（实操）才有效果。

我给他解答时重点也落地在他需要去做什么上面：

比如我告诉他要去表达，我还告诉他由量变到质变的过程，不能只打一次电话，等等。

别小看这个过程，这是爱与幸福理论十二字方针在现实生活中的实操，请看：

听得懂（让更多人能听懂）：夫妻关系重于亲子关系，孩子没有那么重要；

可操作（不断在这方面下功夫）：我告诉他如何去表达，并且需要一次次去表达；

有效果（一定要以效果为结果）：他只要按照我说的做了，夫妻关系就会越来越好；

有出处（我们不能杜撰）："君子之道，造端乎夫妇，及其至也，察乎天地。"

  我常说，只要按照我说的去做，做到位，即使什么课程和活动都不参加，他们和他们的家庭成员也一定能够拥有幸福美好的人生。

  实际上，很少有人能够听话照做，更不要说做到位了，这是为什么呢？

一、改变如果很容易，人人都会是智慧父母

父母都有真爱孩子的心，但是让孩子感受到并不容易。知道方向很容易，做到不容易。我想在此对家长们说三句话。

第一句：改变如果很容易，人人都会是圣人。

每个人都想成为特别优秀的人，有这份心，如果过程还很容易的话，是不是人人都成了圣人？如果人人都是圣人，这个世界还有意思吗？当然，这个世界也不会满大街都是坏人。普通人占绝大多数，这才是这个世界真实的样子。

第二句：改变如果很容易，家家都会幸福。

大家都希望家庭幸福，为此愿意努力，也真的很努力，从逻辑上讲是不是应该家家都幸福？那为什么没有达到家家都幸福？就是因为改变是个过程，这个过程很艰难。

第三句：改变如果很容易，父母都会有智慧。

没有父母不想充满智慧，不想去爱孩子，谁都想为此而努力，但是有这份心又能全力以赴，为什么孩子却没那么好？

会爱才是真爱

"非知之艰,行之惟艰"是《尚书》里的一句话。意思是,懂得道理并不难,实际做起来就难了,知易行难。

这两个"艰"字,内涵丰富,处在不同生命状态和人生境界的父母,能够领悟到不同的含义。

第一个"艰",非知之艰。字面释义:懂得道理并不难。这是最浅显的理解。而略加思考,就会带来这样一个问题:是"懂得"不难,还是"道理"本身就不难?深入思考这个问题,就有了两个感悟:其一,把道理讲得通俗易懂,这是很关键的;善于表达,别人才听得懂。

其二,《道德经》说:"万物之始,大道至简。"大道至简,是宇宙万物发展之规律,是中华文化之精髓。《道德经》不过五千多字,就确立了中国人的哲学基础。可见,文化的最高形式,就是洞悉宇宙万物发展的规律,而中国的传统文化,能把天地、生命、价值、意义等终极的大道理概括得极其简单,简单到甚至一两句话就能说明白。

第二个"艰",行之惟艰。字面释义:做起来就难了。既然很容易就懂了道理,为什么做起来就难了呢?这就需要从人的不同层面来回答:第一个层面,明知"道理"是正确的,却不愿,甚至拒绝去"行",就是知而不行。这类人,需要先转念,再去做。第二个层面,懂得了"道理",也愿意去"行",但是缺乏勇气、坚持和勤奋,有一种"臣妾做不到啊"的无奈。这类人,最需要的是开始的勇气，需要勇敢去做。第三个层面，懂得了道理，也有了勇气、坚持和勤奋，却欠缺智慧方法与路径。这类人，就需要传授和"习学"。

"非知之艰，行之惟艰"这句话里，"知"和"行"绝不是对立的、割裂的，而是辩证统一的。简单地说，"知"是"行"的基础和前提，"行"反过来会让"知"越来越"非艰"。爱与幸福理论反复强调"行知合一"，就是理解、领悟到了"非知之艰，行之惟艰"的深刻内涵与现实意义。

二、"师法财侣地",缺一不可

一件事情你真的能坚持下来,肯定不是咬着牙努力就行了,而要符合一些条件。这些条件就是中国文化当中非常著名的"师、法、财、侣、地"。爱与幸福理论不仅仅给了大家方向,更重要的是创建了"师法财侣地"的"习学"环境,支持每一位愿意改变的父母走向行知合一。

我总是在关键的时候把"行"放在前,其实"行"在前还是"知"在前并不重要,因为它们合一了:行即知,知即行。行是知之始,知是行之终,是分不开的。

那么,我说的支持行知合一的"师法财侣地"具体是指什么呢?具体见图7-1。

师:信任的老师;

法:有效的方法;

财:付出些钱财;

侣:志同道合的伙伴;

地:正能量环境。

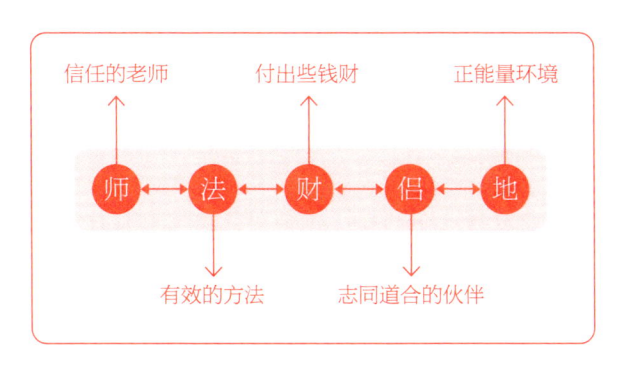

图7-1 师法财侣地

师：信任的老师

父母得有信任的指导老师。老师经验多，父母相信老师，就容易坚持下来。如果父母只靠自己的力量摸索，很容易退缩和逃避。就像我们学数学，如果有老师指导和帮助，就会学得很快；如果没有老师，全靠自己琢磨，学习进度就会相对慢。所以，父母能坚持到底，无论是基本观念、根本方向，还是"习学"过程中遇到的具体问题和困惑，都离不开老师的帮助；父母越信任老师，就越愿意坚持。

案例

我有一位学员，她的孩子还小，夫妻不睦，老公甚至提出了离婚。这位学员本身很依赖老公，又很在意孩子，当然不想离婚。她坚持"习学"了一段时间后，在2023年7月上旬的一次答疑中，问了我一个问题：

"郑老师好！我最近感觉自己走到了另一个不好的极端状态，以前我很依赖我的老公，不想离婚。现在我参加孝亲研修营之后，感觉自信心多了，以前可能因为自卑压住的那种看不上我老公的想法就出来了，现在我想离婚，但是没有提过这件事情。"

大家看到这里会怎么回答她的问题？

我在答疑时给了这位学员真相和方向，我说："祝贺你，你两个极端都经历了，就可能会看到真相。以前老公想离婚，你不想离婚，然后把自己放在很卑微的位置。现在你想离婚了，对吧？其实你不是想离婚，你是矫枉过正了。如果你要真想离婚的话，刚才为什么会问我'我不喜欢老公怎么办'，所以你依然不想离婚。想离婚，只是对过去的压抑的一种释放而已。我说清楚了吗？"

学员：说清楚了。

我：你为什么问我"不喜欢老公怎么办"？

学员：我也不知道。

我：你想不想离婚啊？

学员：有时候会幻想离婚后的美好生活……

我：你应该这样说，"郑老师，我不是想离婚，是我过去活得太压抑了，我想活出自己。"

> 学员：对，我想活出自己。（一说出这句话，学员就流泪了。）
>
> 我：再说这句话。
>
> 学员：郑老师，我不是想离婚，是我过去活得太压抑了，我想活出我自己。
>
> 我：这就叫真相。
>
> ……

学员看到了真相，就不会再去纠结离婚还是不离婚的问题了。在成长的过程中，我们需要老师及时地指导，把偏离航道的我们给拉回来，这很重要。

法：有效的方法

如果没有有效的方法，父母很难坚持。

财：付出些钱财

就是用时间、精力、金钱来推动自己。因为很多人是花了钱才愿意践行，他们为了钱愿意努力，为了幸福不一定愿意努力。

侣：志同道合的伙伴

父母需要志同道合的伙伴互相陪伴，互相支持。

地：正能量环境

地，即正能量的环境，好比爬山，一群人坚持很容易，一个人坚持很难。

为方便理解，我拿我自己减重举例：

我找了一位教练（师），让他陪着我，他有一套有效的方法，在保证我营养均衡的情况下，给出每天很精细的食谱，我每天跟着老师练就可以了（法）。

同时，我付给教练一笔钱，才能坚持练下去（财）。

教练找了一群人陪着我（侣），大家每天都很积极锻炼，互相监督（地）。

总之，教练建立了"师法财侣地"的环境，我也能够做到减重。

一个人逃避最容易，给自己找理由找借口最容易。想要坚持，以下五个条件不可少：信任的老师，有效的方法，付出些钱财，志同道合的伙伴，正能量环境。

一个人的修行和改变是一件很长久的事情，我们这一生想做成一件事，需要坚持，这是一个人应具备的核心状态，要永不言弃。任何一件事情，不放弃很难，放弃很容易。放弃只需要一个念头，但是坚持则需要不断激发出爱和信的力量，确实非常难。

在社会上能成大事者，往往是坚持到底的人。人最难的就是坚持，因为坚持得战胜自己的惰性，战胜自己的欲望和恐惧，所以我们用"师法财侣地"告诉大家如何坚持到底。

三、路径是关键：父母做对四件事，孩子才会真优秀

家庭教育的方向有了，"师法财侣地"有了，还需要有路径，沿着路径走，就可以走到正确的方向上。那么具体的路径是怎样的呢？

我把路径总结成为"父母做对四件事，孩子才会真优秀"，具体如下（见图 7-2）：

	系统比学习重要		信任比对他好重要
① 系统"习学" 有文化		② 喜欢信任 好关系	
	文化比知识重要		关系比教育他重要
	威严比慈爱重要		优秀比成功重要
③ 宽严有度 立规矩		④ 优秀的人 志高远	
	规矩比规则重要		志向比目标重要

图 7-2 父母做对四件事，孩子才会真优秀

系统"习学"有文化

系统比学习重要，文化比知识重要。

会爱才是真爱

现在不少父母学习家庭教育，学了很多年，但是往往学到的是点点滴滴的，像心灵鸡汤似的，不成体系的，或者像拼盘，每个流派都学一点儿，拼到一起不知道是什么样子，再做一做、试一试，好像也没有什么用。所以，父母千万不要这学一点儿那学一点儿，学一点儿用一用。人的问题是需要系统解决的，知识一定要系统。

系统学习知识是为了有文化。父母要把所学的知识变成自己内在世界的一种感知，践行到自己身上变成文化才能感染孩子，才能感动打动孩子、用行动带动孩子。

有一句话叫"知识就是力量"，我觉得说得不全面，因为知识记在脑子里是产生不了力量的，把知识使用起来才会产生力量。做事的知识会化成能力，做人的知识会化成文化。文化比知识重要。

喜欢信任好关系

信任比对他好重要，关系比教育他重要。

很多父母只关注要学更多的知识去教育孩子，对孩子好，为孩子好，却不关注在对孩子好、为孩子好的过程中，是否把亲子关系变得恶劣了。

系统"习学"有文化，父母要成为有文化的人，在"习学"践行中，成为懂得爱、懂得信的人，成为温暖而有力量的人。这时候孩子就会喜欢、信任父母，双方的关系就会好。关系好了，什么话都好说，孩子就会愿意听父母的。

宽严有度立规矩

威严比慈爱重要，规矩比规则重要。

父母要温暖而有力量地对待孩子。

家庭是要立规矩的，如果家庭没有规矩，孩子就没有责任心和道德感。孩子有了规矩，就不会任性，不会逃避，遇到事情敢于勇往直前。有了规矩，就能解决孩子遇到事找理由找借口、逃避退缩、自我自私、没有意志品质的问题。

规矩不是规则，规矩是充满情感和智慧的，这需要在"习学"中体悟。

优秀的人志高远

优秀比成功重要，志向比目标重要。

优秀比成功重要，并不是让人不成功，而是强调在人优秀的基础上做事成功，这样的人生才能真正成功。

父母要想孩子真优秀，需要引导孩子志向高远。为什么有些孩子到了大学，会混四年？因为他们的"志向"完成了，他们把"考大学"当成了志向。其实这不叫志向，这叫目标，达到目标后，他们就不知道要什么了。

志向一定是利他的。

无论是这四步，还是第六章我们讲到的"幸福家庭六步走"，都是在给父母正确的方向的同时，又给出了践行路径，也就是"知所先后，则近道矣"。同时，也要提醒大家，做好第一步，才能有第二步，然后才有第三步、第四步，挑着做，绕着做，只会事倍功半，甚至南辕北辙。

四、环境可以改变人

我们在前文谈到了"师法财侣地",归结起来就是环境。环境的重要性不言而喻,因为环境可以改变人。

父母想要成为温暖而有力量的人,我用一段话给出了"捷径":

> 走进温暖而有力量的人群和环境
> 感受温暖和力量
> 成为温暖而有力量的人
> 给予至亲以及更多的人温暖和力量

案例

在这里,我把厦门一位学员的成长体验分享给大家,这是2021年8月2日发表在我的微信公众号"郑委老师"上的一篇博文。文章5500多字,我就不在书中全文引用,大家可以在我的公众号中寻找这篇博文,既有文字,又有音频。这篇博文的标题是《是环境改变人的力量大,还是学习改变人的力量大?》更确切地说,应该是在环境中"习学",人就会发生改变。

五、永循真理，坚守正道：让教育和人生回归"立德树人"的正道

此刻，如果我问你：家庭教育的本质、方向和意义分别是什么？你是否已经有了答案？

请大家回过头去读第一章，相信大家会和初读本书第一章时有不一样的心境和心得。

现在，请大家再次写出这五个问题的答案：

1. 什么是教育？
   _____

2. 什么是家庭教育？
   _____

3. 什么是家庭教育的本质？
   _____

> 4. 什么是家庭教育的方向？
> _____
>
> 5. 什么是家庭教育的意义？
> _____

"吾道一以贯之"：永循真理，坚守正道！

教育孩子就是父母教育自己做人的过程。

永循真理，坚守正道，既是教育的意义所在，也是人生的意义所在。

教育一定要回归本来的样子！

2021年，国家出台"双减"政策，正是教育回归的开始，是教育回归规律的开始。

民族复兴的过程一定是文化复兴的过程；

文化复兴的过程一定是教育回归的过程；

教育回归了，才能够支持未来10年、20年，我们中华民族持续繁荣昌盛。

教育必须回归本来的样子：她应该是美好的，她应该是促进人幸福的，她应该是让人优秀的。这也就是我在第一章给出的红线：立德树人！

不仅仅是教育，不仅仅是孩子，我们每个人的人生，都应该回归到"立德树人"的正道上!

家庭教育,先让家里有会爱的人。因为有了会爱的人,孩子就有了有爱的家。会爱需要真爱,真爱需要"习学"。

教育孩子就是父母教育自己做人的过程,是父母改变的过程。我们能改变的永远是自己。最后,我也把爱与幸福的"改变原则十三条"分享给大家,这些理论来源于《论语》。举例如下:

子曰:"君子求诸己,小人求诸人。"(出自《论语·卫灵公》)

子贡问曰:"有一言而可以终身行之者乎?"子曰:"其恕乎!"(出自《论语·卫灵公》)

子曰:"参乎!吾道一以贯之。"曾子曰:"唯。"子出,门人问曰:"何谓也?"曾子曰:"夫子之道,忠恕而已矣。"(出自《论语·里仁》)

会爱才是真爱

小 贴 士

爱与幸福"改变原则十三条"

1.这个世界有一条亘古不变的真理:我们改变不了任何人,我们只能改变我们自己,当我们自己真正发生改变的时候,对方为了适应我们的改变,他一定要发生改变。(信吗?真的信吗?)

2.要想别人改,自己先要变;要想别人变,自己先要改(观想念头)。

3.我们要改变的是以下三个方面:

①用正确的知识武装自己(背会),不断地提高自己的修养和素质(去做),坚持"习学",让自己成为一个温暖而有力量的人(不是想明白才去做的,是在做中才能真明白)。

②用正确的方式对待别人(秘籍),目的是为了和别人建立良好的信任关系(关系好了,什么话都好说),正确的方式是"无条件"和"有原则",具体的操作公式是"真爱=信任+'心赏'+悦纳+建议+帮助",全部的秘密在于"用生命感动生命,以行动带动行动"的"四动"原则;改变原则不是只改变自己而不去理别人,用正确的方式对待别人是改变的关键。

③坚持最重要:学了多少不重要,重要的是做了多少;做了多少不重要,重要的是坚持做了多少;坚持做了多少不重要,重要的是坚持做了以后,反思总结提高了多少;反思总结提高了多少不

重要，重要的是坚持反思总结提高了以后，又学了多少，最终形成"学问思辨行"的止于至善的良性循环。

4.一定要站在自己的问题角度改变自己，千万不要站在别人的问题角度改变自己，别人的问题都是为了让我们发现自己的问题并去改变的。

5.先改后变，一定要关注"先改"，千万不要关注"后变"；坚持先改，对后变充满信念，相信"突然一天"的到来。

6.千万不要披着改自己的外衣，努力地改着别人。举例："郑老师，都是我的错，他到底该怎么办啊?!"请注意，很多人，很长时间都走不出这类话的魔咒，让所有的努力都没有任何效果。

7."我都改了，他怎么还没变?!"——说明你改得还不够，只有量变才能引起质变，同时违反了上一条。

8."凭什么是我改?!"——谁痛苦，谁改变，第一个改变的人，是引领家庭走向幸福的人。

9.家长来学习，是来调心的，不是来调嘴的，更不是来学习具体方法的。教育孩子心在前，脑在后，因为"信任""心赏""悦纳"都是靠心的，在此基础上，用脑的"建议"和"帮助"才会产生成效。请牢记：心里是帮助，要求也是帮助；心里是要求，帮助也是要求。请牢记：不执着于让别人执行的建议才是真建议，想让别人执行的建议本质上是思想包办。

10.向外看的人都是睡着的，向内看的人都是醒着的，很多人一

会爱才是真爱

辈子都没有醒来过。

11. 当我们发自内心地感谢孩子让我们重生的时候，孩子就走上了越来越优秀的道路，孩子的优秀是家长改变（成为一个温暖而有力量的人）的副产品。

12. 改变的最终目的是生命成长，收获幸福。幸福就是要修三颗心，一颗平常心（杀死"小黑人"），一颗利他心（放手不撒手），一颗止于至善的心（走上来时的路）。

13. 幸福其实很简单，遵循《生命成长宣言》的文化规律，每天坚持找别人的优点去学习，每天喜悦地找自己的不足去改正，仅此而已。

最后，我把我写的一段话分享给大家，当面对孩子的问题和家庭的问题想要用解决问题的模式的时候，请大家读一读这一段话，它能带你们回到正确的方向上来：不再去解决问题，而是去爱；父母爱对了，孩子才优秀；幸福而优秀的孩子，才是父母想培养出来的孩子；会爱才是真爱，真爱需要"习学"；方向对了，坚定地走在正道上，回归立德树人，回归教育的本质！

从今天起，我将不再解决家庭和孩子的问题
我要通过"习学"和修行
让自己拥有一双发现生活之美和生命之美的眼睛

第七章 真爱如何"习学"

让自己成为一个温暖而有力量的正能量的人

让我的家欢声笑语、情感流动起来

我要通过"四动"的真爱原则

让我的家人喜欢我、信我、服我、敬我、爱我

慢慢地,我们就会相互信着,相互爱着

我们就会幸福而美好地生活着